Rainer Moritz

Der ganze Zauber dieser Gegend

Rainer Moritz # Der ganze Zauber dieser Gegend

*Eine schwäbische Dichterreise mit
Goethe · Heuss · Hölderlin
Kerner · Kleist · Mörike · Rombach
Schiller · Schubart · Uhland u. a.*

 *Eugen Salzer-Verlag Heilbronn*

© Eugen Salzer-Verlag, Heilbronn 1989
Alle Rechte vorbehalten
Einbandgestaltung: Karl Bechloch, unter Verwendung eines Original-Wartberg-Stichs von Dörr (Privatbesitz)
Typographie: Peter Keidel, Stuttgart
Satz und Druck: Offizin Chr. Scheufele, Stuttgart
Printed in Germany
ISBN 3 7936 0276 1

Für meine Eltern

Ankunft

Ankommen in Heilbronn, in der alten Reichsstadt und jungen Großstadt, wie die Werbeprospekte locken. Ankommen in Heilbronn, das den Ruf eines florierenden Handels- und Industriezentrums genießt – und kaum als Stadt der Literatur und Künste gilt.

Doch lassen wir zuerst eine Schriftstellerin zu Wort kommen, lassen wir die Darmstädterin Gabriele Wohmann in Heilbronn ankommen:

Der kleine wahre Moment

Plötzlich auf dem Bahnhof von Heilbronn   Bahnhof
Habe ich gemerkt
Ich ging ja mit erhobenem Kopf!
Die warme Luft war mir recht
Und ich hatte nichts gegen die Verbrüderungen
In der Stoßzeit
In der Unterführung, auf den Treppen
Eine Amnestie
Wie aus Versehen war ich beruhigt
Dann absichtlich habe ich dauernd
Als erste freundlich ausgesehen
Die Überraschung der Kellnerin
Beim Zurücklachen!
Ich bin wie auf etwas Zukünftiges stolz gewesen
Ohne Abscheu vor dem Nahverkehr
Ich will in meinem Umkreis
Nicht wie sonst alle Plätze blockieren
Mit mir könnte man sogar reden
Plötzlich auf dem Bahnhof von Heilbronn

Wo ich den Kopf hinhielt
Für mein Leben, ganz gern.
Rechtzeitig bin ich abgefahren.

»Plötzlich auf dem Bahnhof von Heilbronn« scheinen besondere Erfahrungen möglich, doch keine dauerhaften. Ehe sich das Gedicht auf die Stadt einzulassen beginnt, bricht der Aufenthalt ab: »Rechtzeitig bin ich abgefahren. «

Wären alle Künstler dem Beispiel dieses Gedichts gefolgt, so wäre dies ein dünnes Buch. Zum Glück: Heilbronns *Spiegel der Literatur* Geschichte läßt sich im Spiegel der Literatur betrachten, und nicht nur dank der populärsten Zeugnisse – Kleists *Käthchen von Heilbronn* und Goethes *Götz von Berlichingen*. Während der letzten Jahrhunderte haben nicht wenige Dichter Heilbronn und seine Umgebung besucht und in Reiseessays oder Romanen beschrieben. Zählt man jene hinzu, die hier geboren wurden oder längere Zeit lebten, so fügen sich diese Porträts zu einer literarischen Ansicht der Stadt zusammen, zu einem Begleiter durch ihre Kulturgeschichte.

Meine Erzählungen und Schilderungen lassen sich vom heutigen Stadtplan leiten, obwohl viele der Häuser und Winkel, die die Dichter einst für beschreibens- und bewundernswert hielten, inzwischen der Stadterweiterung und vor allem den Luftangriffen vom Dezember 1944 zum Opfer fielen. Ihre Spuren muß die Phantasie des Betrachters (und Lesers) mühsam zusammensuchen – Heil- *Literaturstadt* bronn als Literaturstadt, das ist auch das Mosaik einer unsichtbaren Vergangenheit: »Denn wer die alte Stadt mit ihren verwinkelten Gassen kannte, in denen die hochgiebeligen Fachwerkhäuser einander oft so nahe gegenüberstanden, daß ein breiter Wagen kaum ›unangestreift‹ hindurchkam, der fühlt sich beim Gang durch die neu entstandene Stadt jeweils mit Wehmut genötigt, die alten Bilder hinter den neuen zu sehen. « (Otto Rombach)

Ankommen in Heilbronn – ein zweiter Versuch. Einhundertfünfzig Jahre bevor Gabriele Wohmann ihren raschen Abschied bedichtete, reiste – im Oktober 1820 – der Romantiker Achim von Arnim ins Unterland, um sich für den zweiten Band seines Romans *Die Kronenwächter* mit authentischem Material zu versorgen. Sein wahres Reiseziel hieß Weinsberg bzw. das Kernerhaus, und so blieb für Heilbronn nur ein Besuch in Windeseile: »Reiche Länder umfingen mich wieder, die schönsten Betten in den Wirtshäusern, so kam ich durch das wunderherrliche Lauffen nach Heilbronn zurück. Da bestieg ich den Turm, sah Kirche, Altar, wichtige Dinge für mich, besah neue Kanäle, Schleusen, Mühlen, Fabriken, bestieg den Wartturm und sah Weinsberg liegen. «

Achim von Arnim

Zwei weitere Jahrzehnte zurückgegangen, stößt man in den Annalen auf einen etwas saumseligeren Reisenden, auf Johann Wolfgang Goethe, der es sich – ihm sei's gedankt – nicht nehmen ließ, anderthalb Tage auf seiner Schweizer Reise in Heilbronn zu verweilen. Von dort schrieb er, just am 28. August 1797, an seinem 48. Geburtstag, Christiane Vulpius:

Goethe

»Den 27. hatte ich eine schöne, aber zum Teil warme Reise hierher. Heute habe ich mich hier umgesehen, habe die Stadt ein wenig durchstrichen und umgangen. Sie liegt gleichfalls am Neckar, hat aber die schöne fruchtbare Ebene vor sich und im Rücken sehr weit ausgebreitete Weinberge. Da ich ein artiges Zimmer habe, so werde ich mich wohl verleiten lassen, morgen noch da zu bleiben. «

Dem »Sonnen«-Wirt in der Sülmerstraße und seinen »artigen Zimmern« also haben wir es zu verdanken, daß der Frankfurter Dichter nicht achtlos an Heilbronns Reizen vorübergeeilt ist und sie – wenn auch ein wenig baedeker-

»Sonnen«-Wirt

haft und buchhalterisch – seinem geduldigen Reisetage-
buch anvertraute. Man sieht: Auch Gastwirte greifen in
den Lauf der Literaturgeschichte ein.

Partie am Neckar,
Steinzeichnung von E. Ulmschneider

Über den Neckar

Wer Heilbronn wie Gabriele Wohmann mit dem Zug erreicht, tut gut daran, sich über die Bahnhofstraße allmählich ins Zentrum der alten und der neuen Stadt zu bewegen. Entlang einer vielbefahrenen Durchfahrtsstraße gewährt schließlich die Friedrich-Ebert-Brücke einen ersten Blick auf den Neckar, jenes Wahrzeichen der Stadt, zu dessen Ufern es die Besucher zieht.

Im Sommer 1878 widmete ihm der amerikanische Schriftsteller Mark Twain (*Tom Sawyer and Huckleberry Finn*) seine Aufmerksamkeit, als ihn eine Europaexpedition unweigerlich nach Heilbronn führte. Kaum ein anderer hat in dessen Mauern ähnlich Aufregendes erlebt, und Twains witzige und aberwitzige Reiseglossen sind bis heute ein erfrischendes Lesevergnügen geblieben, ohne daß man die Details dieses Berichtes auf die historische Goldwaage legen sollte: »Der Neckar ist an vielen Stellen so schmal, daß man einen Hund hinüberwerfen kann, falls man einen hat; wenn er an solch einer Stelle dann auch noch eine scharfe Biegung macht, muß der Flößer scharf und geschickt bugsieren, will er wohlbehalten um die Kurve kommen. Dem Fluß ist nicht überall gestattet, sich über sein ganzes Bett auszuweiten, das etwa fünfundzwanzig, manchmal auch fünfunddreißig Meter breit ist, sondern er wird in drei Wasserläufe aufgespalten, und zwar von Steindämmen, die Hauptmenge, Haupttiefe und Hauptströmung des Wassers in den mittleren lenken. Bei Niedrigwasser schauen die schmalkämmigen Dämme etwa eine Handbreit wie der First eines untergetauchten Daches hervor, aber bei Hochwasser werden sie überspült. Ein Hutvoll Regen führt auf dem Neckar zu Hochwasser und ein Korbvoll zu einer Überschwemmung.«

Globetrotter Ungeachtet aller lauernden Gefahren ließ es sich der Globetrotter nicht nehmen, die Stadt gen Heidelberg auf die ihm angemessene Art und Weise zu verlassen. Ohne sich um die ängstlichen Mienen seiner Weggenossen zu bekümmern, mietete er ein Floß, um den Fluß hinunter zu treiben: »Mit einem lärmenden Lied machte sich die Steuerbordwache an die Arbeit, holte das Haltetau ein, lupfte dann den Anker, und schon löste sich unsere Barke mit majestätischem Schwung und fuhr bald mit etwa zwei Knoten dahin. Unsere Gesellschaft war mitschiffs versammelt. Anfangs klang die Unterhaltung ein wenig düster und drehte sich hauptsächlich um die Kürze des Lebens, die Ungewißheit desselben, die Fährnisse, von denen es heimgesucht wurde, und von der Notwendigkeit und Klugheit, immer auf das Schlimmste vorbereitet zu sein; dies leitete über zu leise vorgebrachten Hinweisen auf die Gefahren der Tiefe und verwandte Dinge; aber als der graue Osten sich zu röten begann und der geheimnisvolle Ernst und das feierliche Schweigen der Morgendämmerung allmählich in den Jubelgesängen der Vögel untergingen, nahm die Unterhaltung einen fröhlicheren Ton an, und unsere Stimmung stieg stetig. Deutschland

Deutschland im Sommer im Sommer ist die Vollendung des Schönen, aber niemand, der nicht auf einem Floß den Neckar hinuntergefahren ist, hat die äußersten Möglichkeiten dieser sanften und friedlichen Schönheit wirklich begriffen und ausgekostet... Welch ein Gegensatz zur erhitzenden, schwitzenden Fußwanderei, zur staubigen und ohrenbetäubenden Eisenbahnhatz und zum langweiligen Stuckern hinter müden Pferden auf blendenden weißen Landstraßen!«

Floßfahrt Mit seiner Lobrede auf die geruhsame Floßfahrt stellte sich Twain außerhalb des herrschenden Zeitgeistes. Die

»Eisenbahnhatz« war längst ein wichtiges Hilfsmittel der voranschreitenden Industrialisierung geworden, die auch vor den Toren Heilbronns nicht Halt machte. Ein Vierteljahrhundert vor Twains Flößerabenteuer kam ein anderer Reisender – Franz Dingelstedt – nach Heilbronn und erlag *Franz Dingelstedt* der Faszination der neuen Fortbewegungsart: »Nein, preist sie mir nicht, die verloren gehende Poesie der Diligencen, der Chausseen, der Pappel- und Zwetschen-Alleen, mit ihren langweiligen Krümmungen, ihrem eintönigen Auf und Ab, ihrem durch Sommer und Winter unwandelbaren Grau in Grau. Diese Poesie hat ihre Zeit gehabt; aber ihre Zeit ist vorüber, laßt sie auch vorüber sein. Hier, der Eisenbahn gleiche, an entfesselter Naturkraft *Naturkraft* wie an gewaltiger und schöpferischer Kunst, unsere Poesie. Gerade aus, gerade durch, gegen kein Hindernis zu schwach, in keinem Stoff befangen, an Raum und Zeit nicht gebunden. Sie kommt doch an's Ziel, sie kommt!« Dingelstedt, der politische Lyriker und spätere Theaterdirektor, fuhr um 1850 von Stuttgart nach Heilbronn, um einen leibhaftigen, auf Tournee befindlichen Seetiger in *Seetiger* Augenschein zu nehmen. Doch der Suchende wurde nicht fündig; das Zimmer, in das man ihn verwies, beherbergte statt des Seeungetüms eine höchst unfreundliche englische Familie. Enttäuscht und verzagt geleitete Dingelstedt am folgenden Morgen einen Freund zum »Dampfschiff, welches ihn neckarabwärts mir entführen sollte«, und als dessen Fahrt begonnen hatte, begegnete ihm »nicht weit von der Neckarbrücke, hübsch weit vom Dampfschiff, *Neckarbrücke* die altenglische Eisbärenfamilie von gestern.« Deren Entsetzen über die verpaßte Abfahrtszeit – »Eine Reihe von Salzsäulen, in absteigender Linie, stand vor mir« – quittierte Dingelstedt mit taktvoller Schadenfreude: »Ich faßte, most gentlemanlike, an meinen Hut, und wünschte davongehend a happy journey.«

Vielleicht hätte der unsensible Lyriker ein Mehr an Verständnis aufbringen sollen; denn immerhin pflegten die Dampfschiffe zu wahrlich unchristlicher Zeit nach Heidelberg aufzubrechen. Ernst Friedrich Kauffmann, ein Freund Mörikes, hat in seinem Reiseführer *Die Neckarfahrt von Heilbronn bis Heidelberg* (1842) überliefert, daß sich die Dampfboote jeden Morgen gegen sechs Uhr den Neckar hinab in Bewegung setzten. Für zwei Gulden konnte man ein Billett Cajüte II. Klasse erwerben, das zur Fahrt bis Heidelberg berechtigte – in »les inexplosibles« genannten Schiffen, die, zu Kauffmanns Zeiten, ein Konstrukteur aus Nantes hatte anfertigen lassen und die vor jeder Katastrophe gefeit waren.

Ob mit Floß oder Dampfschiff – für den Personenverkehr hat die Neckarschiffahrt längst an Bedeutung verloren; schon zu Dingelstedts Zeiten stand der binnenländische Handel im Vordergrund. 1841 schrieb Pfarrer Eduard Mörike im nahen Cleversulzbach sein Gedicht *An Longus* und beschwor in einigen der Verse das geschäftige und ungeschäftige Treiben auf dem Wilhelmskanal, unweit der heutigen Friedrich-Ebert-Brücke:

Zur Kurzweil gestern in der alten Handelsstadt,
Die mich herbergend einen Tag langweilete,
Ging ich vor Tische, der Schiffe Ankunft mit zu sehn,
Nach dem Kanal, wo im Getümmel und Geschrei
Von tausendhändig aufgeregter Packmannschaft,
Faßwälzender, um Kist und Ballen fluchender,
Der tätige Faktor sich zeigt und, Gaffens halb,
Der Straßenjunge, beide Händ im Latze, steht.
Doch auf dem reinen Quaderdamme ab und zu
Spaziert' ein Pärchen; dieses faßt ich mir ins Aug.
Im grünen, goldbeknöpften Frack ein junger Herr
Mit einer hübschen Dame, modisch aufgepfauscht.

Ernst Friedrich Kauffmann

Eduard Mörike

Wilhelmskanal

Schnurrbartsbewußtsein trug und hob den ganzen Mann
Und glattgespannter Hosen Sicherheitsgefühl,
Kurz, von dem Hütchen bis hinab zum kleinen Sporn
Belebet' ihn vollendete Persönlichkeit.

Mörike interessierte sich weniger für den Handelsweg als
für die flanierenden Menschen am Kranenplatz; bei seinen   *Kranenplatz*
gelegentlichen Ausflügen nach Heilbronn besuchte er
Freunde wie Kauffmann oder David Friedrich Strauß,
und in einem Brief an Hermann Kurz' Bruder Ernst fällte
er ein gnädiges Urteil über die Stadt: »Es läßt sich in Heilbronn gewiß behaglich leben, und wenn die Leute auch
sehr irdisch daselbst denken, man kann doch bleiben, was
man ist.«

Was dem Lyriker Mörike imponierte, enttäuschte den
Langenburger Satiriker und Aufklärer Karl Julius Weber   *Karl Julius Weber*
(1767–1832). Auf seinen Streifzügen, die ihn Anfang des
19. Jahrhunderts durch ganz Deutschland führten, machte
er auch am Wilhelmskanal Station; seine *Reise durch das*
Königreich Württemberg (1826) hält fest: »Heilbronn liegt
allerliebst am Neckar und seine Lage macht es zur ersten
Handelsstadt des Neckars für Tal- und Berggüter; noch
mehr Leben erwartet man von dem neuen Wilhelms-Ka-
nal, der achtzehn bis neunzehnhundert Fuß lang ist und
zweimal hunderttausend Gulden kostete; ich sah bloß ein
Holzschiff vor Anker mit Namen Bellevue.«

Götz im Turm

Götzenturm

Götz von Berlichingen

Von der F.-Ebert-Brücke führt die Obere Neckarstraße nach wenigen Metern zu einer Stätte, deren Namen literarische Erinnerungen wachruft: der Viereckige Turm oder Götzenturm. Heilbronn mangelt es nicht an Beispielen dafür, wie die Phantasie der Dichter sich wenig um die getreue geschichtliche Überlieferung bekümmert, und so verdankt auch der Götzenturm seinen nicht zu tilgenden Ruhm allein der freundlichen Gnade des Herrn von Goethe. Dessen Schauspiel *Götz von Berlichingen mit der eisernen Hand* (1773) verwandelte die historische Gestalt des

Steindr v.Gebr.Wölffin Hlbron

Der vierekigte Thurm
mit den Orth'schen und Mertzischen Landhäusern.

um 1480 in Jagsthausen geborenen Reichsritters Gottfried von Berlichingen in einen ungestümen, edelmütigen Verfechter des Fehderechts. Daß Goethe die Götz-Figur stilisiert hat, mag den Historiker schmerzen, seine Popularität jedoch erlangte der Ritter allein durch Goethes erfolgreiches Stück, das zu einem Signal für die Sturm-und-Drang-Epoche wurde.

Im Jahre 1519 war Götz als Amtmann im Dienste Herzog Ulrichs von Württemberg gefangengenommen und für eine Nacht in Heilbronner Turmhaft verbracht worden, ehe er sich in ritterlicher Haft bis 1522 in der Stadt aufhalten mußte. Auch nach Goethe hat dieser Stoff viele Schriftsteller angelockt, so den Heilbronner Pfarrer Philipp Spieß, der in seiner Erzählung *Der Steinmetz von St. Kilian* (1894) Götzens Gefangennahme heraufbeschwört: »Anstatt aufs Rathaus führte man ihn in den viereckigen Turm am Neckar. Dem getäuschten und betrogenen Ritter gehörte die Teilnahme der Mehrzahl der Bürger. Man schimpfte über den Rat, man war empört über den Schwäbischen Bund ... Die Aufregung der Bürger, die Furcht vor Sickingen und die Ungewißheit, ob man sich im Notfall auf eine Unterstützung des Schwäbischen Bundes verlassen könne, das alles bewog den Rat, den Ritter schon am zweiten Tage der Gefangenschaft – es war das Pfingstfest – aus dem Turme zu führen und in eine luftige Stube des Rathauses bringen zu lassen. Von hier wurde er wieder in seine frühere Herberge verbracht; aber gefangen blieb er, wenngleich sein Gefängnis ein ritterliches war. Doch durfte er in Begleitung von zwei Ratsdienern die Kirche besuchen und Gänge in die Stadt machen.«

Eine einzige Nacht also nur – und diese nicht im Götzenturm, sondern im Runden Turm oder Bollwerksturm (beim heutigen Hallenbad)! Während der historische

Pfarrer Philipp Spieß

Bollwerksturm

Götz erst 1562 auf Burg Hornberg verstarb, verliehen Goethes künstlerische Zwecke der Geschichte einen anderen Fortgang. Im Turmgarten des 5. Aktes tauscht sich der eingekerkerte Reichsritter ein letztesmal mit Frau und Schwester aus, ehe die Regieanweisung ein lakonisches »Er stirbt« vermerkt. Zuvor noch beschließt er sein Leben mit aufrüttelnden Worten: »Die Nichtswürdigen werden regieren mit List, und der Edle wird in ihre Netze fallen. Marie, gebe dir Gott deinen Mann wieder! Möge er nicht so tief fallen, als er hoch gestiegen ist! Selbitz starb, und der gute Kaiser, und mein Georg. – Gebt mir einen Trunk Wasser! – Himmlische Luft – Freiheit! Freiheit!«

Die »derb-tüchtige, kraftvoll-ungebrochene Männlichkeit«, die der Dichter seiner Figur zumaß, siegte über die geschichtlichen Fakten, und die Legende um den Viereckigen Turm, der den einen als »sehr ehrwürdiges, sehr starkes und sehr schmuckloses Bauwerk« (Mark Twain) und den anderen als »malerisch schön, geschichtlich ernst und ehrwürdig« (Dingelstedt) erschien, hat ihn für viele zu Götzens Kerker und für manchen zu seiner Todesstätte

August von Platen gemacht. Im April 1815 etwa durchzog der Lyriker August von Platen Heilbronn, um als bayerischer Leutnant am Feldzug gegen Napoleon teilzunehmen. Sein Tagebuch hält fest: »So sahen wir den Turm, in dem Götz von Berlichingen seine biedere Seele aushauchte.« Ein halbes Jahr später blieb dem Leutnant für solche anrührenden Gedanken keine Zeit: »Unser gestriger Marsch betrug neun volle Stunden. Wir passierten die Württemberger Grenze, nachdem wir schon beim Mondschein aufgebrochen waren. Ferner kamen wir durch die kleine Stadt Schwaigern, den Flecken Großgartach, durch Heilbronn am Neckar, das wir ohne Sang und Klang durchzogen, weil man dort nicht einmal unseren General einquartierte, da die Stadt, als ein Wasserplatz des Königreichs, das Privilegium hat, kein Quartier zu tragen. Wir kamen auch durch Weinsberg und sahen die Weiber daselbst. Hier, wo wir heute Rasttag hatten, sind wir zwei Stunden davon entfernt. Affaltrach ist ein schönes und großes Dorf. Ich wohne bei dem katholischen Pfarrer und könnte nicht bequemer wohnen. «

Affaltrach

Die wohl eindrücklichste Beschreibung des Götzenturms stammt von Gustav Schwab, dem dichtenden und sagenkundigen Gast des Kernerhauses: »Von der Stadt her führt eine schmale und krumme Gasse, die Allerheiligenstraße, zu einer Seitenpforte am Neckar und dem mit der Stadtmauer verbundenen ›viereckigen Turme‹, von den Einwohnern auch ›Götzens Turm‹ genannt. Die allgemeine Volkssage läßt nämlich in diesem Turme den Ritter Götz von Berlichingen in der Gefangenschaft der Stadt Heilbronn schmachten. Ein schauerlicheres Gefängnis hätte sie dem edelsten Ritter nicht anweisen können. Der aus rauhen Quadern aufgeführte Turm mag an hundert Fuß hoch sein, die Breite jeder Seite zehen Fuß. Er ist oben mit einer Zinne versehen und scheint überhaupt in allem seine ursprüngliche Anlage behalten zu haben; an der ganzen Nordseite zeigt er nur zwei kleine Fensterlöcher, beide weit von einander, in der Höhe; gegen Osten, in der Mitte ist ein hoher Schwibbogen gesprengt, der jetzt mit Holz ausgefüllt ist; vielleicht, daß die Gefängniszellen des jetzt innen ganz unwohnlichen Gebäudes hier befindlich waren und ein jetzt versperrtes Licht enthielten. Ohne diese Annahme müßte Götz von Berlichingen hier ganz in Nacht gesessen sein. « (*Wanderungen durch Schwaben*) Welch Glück für den Ritter, daß die »Volkssage« irrt!

Gustav Schwab

Volkssage

Wilhelm Waiblinger (Selbstporträt)

Wilhelm Waiblinger

Gustav Schwab, der einflußreiche Repräsentant der Schwäbischen Romantik, erlaubt es, eine Verbindung herzustellen zu dem – wie man der Kürze halber zu sagen pflegt – »größten« in Heilbronn geborenen Dichter. »Prof. Schwab, den ich öfters besuche, ist so freundschaftlich gegen mich, daß ich mit ihm bereits bekannt bin... er erbot sich, mir alles, was ich ihm bringe, durchzulesen, mir Bücher zu leihen, soviel ich wolle, und gab mir manchen guten Rat in Hinsicht meines Privatstudium« – so schrieb im April 1820 der Schüler des Stuttgarter Oberen Gymnasiums Wilhelm Waiblinger an seinen Freund Anton Friedrich Eser. Schwab war dort drei Jahre zuvor zum Professor ernannt worden und förderte den hochtalentierten Waiblinger nachhaltig. Dieser war am 21. November 1804 in Heilbronn geboren worden, doch *November 1804* bereits anderthalb Jahre später wurde sein Vater, der Kammersekretär Johann Friedrich Waiblinger, an die Kameralverwaltung nach Stuttgart versetzt, so daß die Heilbronner Spuren der Familie dünn sind. Die Lehr- und Studienjahre ihres Erstgeborenen gerieten zu einer Irrfahrt, überdies beeinträchtigt durch die ärmlichen Verhältnisse des Vaters, von dem die Stadt Heilbronn noch 1825 ausstehende Zahlungen einklagte. Wilhelm Waiblingers bewegte Biographie – am bekanntesten wurde die Station am Tübinger Stift, die Peter Härtling in seinem Roman *Tübinger Stift* *Waiblingers Augen* (1987) aufgegriffen hat – prägt bis heute seinen Ruf als Schriftsteller, und die Nachwelt tat sich schwer, diesem beängstigenden, frühreifen Abenteurer gerecht zu werden. Als »verspätetes Kraftgenie« (Hermann Hesse), als »Früherloschenen« (Otto Heuschele),

»›enfant terrible‹ der schwäbischen Dichterfamilie«

(Pierre Bertaux) oder als » Symbolgestalt für jenen Frei-
heitsgeist, der aus der Enge hinaus ins Weite . . . drängte «
(Otto Rombach), klassifizierte man ihn, wortgewaltig
verbergend, wie fremd einem Figur und Werk dieses Poeten waren. Seine Geburtsstadt immerhin tat nicht schlecht
daran, ein Jugendhaus nach ihm zu benennen. Und seitdem der Klett-Cotta-Verlag vor einigen Jahren damit begonnen hat, Waiblingers Werke und Briefe in einer histo-
risch-kritischen Ausgabe zu edieren, zeichnen sich sein
Rang und seine Eigenständigkeit schärfer ab.

Bereits der 17jährige schrieb und publizierte mit unge-
bremstem Eifer, und wenig später wagte er sich an seinen
ersten Roman, die zu Teilen autobiographische Brieferr-

zählung um den Bildhauer Phaëthon. Dieses 1823 erschie-
nene Buch ist, einzelne Gedichte ausgenommen, vielleicht Waiblingers vielschichtigstes Werk geblieben, so
deutlich es auch von Goethes *Werther* oder Hölderlins *Hy-
perion* inspiriert sein mag. Gerade die Besuche in Hölderlins Tübinger Turm gaben Waiblinger früh einen Eindruck von den Randbezirken künstlerischer Genialität;
seinen Aufsatz *Friedrich Hölderlins Leben, Dichtung und
Wahnsinn* griffen auch neuere Hölderlin-Biographen auf.
Diese Schrift entstand bereits in Italien, wohin Waiblinger
1826 übergesiedelt war, um seinen Sehnsuchtszielen end-

lich nahezukommen. Am 17. Januar 1830 starb der Dichter, fünfundzwanzigjährig: » Unter einer abgebrochenen
Säule, die einem römischen Meilenstein gleicht . . ., liegt

er in Rom « (Otto Rombach) – auf, wie Waiblinger selbst
schrieb, dem » Gottesacker der Protestanten am Tore
St. Paolo, dicht an der schönen Pyramide des Gajus Ce-
stius, und unweit vom Monte Testaccio. Es ist das ein
Ort, wie geschaffen für die Schwermut, immer still und
öde, und nur im Oktober durch die Minenti oder Plebejer

lebendig, welche am Testaccio ihre Feste halten. « Eines seiner schönsten Gedichte – *Der Kirchhof* – gilt dieser Stätte; einige Strophen wenigstens seien daraus zitiert:

Die Ruh' ist wohl das Beste
Von allem Glück der Welt,
Mit jedem Wiegenfeste
Wird neue Lust vergällt,
Die Rose welkt in Schauern,
Die uns der Frühling gibt;
Wer hofft, ist zu bedauern,
Und mehr noch fast, wer liebt.

Es trübt den eignen Frieden
Mit seiner Glut das Herz,
Das Kind ist nicht zufrieden,
Dem Mann bleibt nur der Schmerz.
Du hoffst umsonst am Meere,
Vom Weltgetümmel Ruh;
Selbst Lorbeer, Ruhm und Ehre
Heilt keine Wunden zu.

Nun weiß ich auf der Erde
Ein einzig Plätzchen nur,
Wo jegliche Beschwerde
Im Schoße der Natur,
Wo jeder eitle Kummer,
Der mir den Busen schwellt,
In langen tiefen Schlummer
Wie 's Laub vom Baume fällt . . .

Die Pyramide düstert
Voll finstrer Pracht empor,
Aus jungen Bäumen flüstert
Ein Klagehauch hervor,
Es weht auf diese Gründe
Das grauste Altertum,
Wenn irgendwo, so finde
Ich hier Elysium.

Blick über den Marktplatz mit Rathaus (links im Bild)
und Kilianskirche (rechts im Bild)

Auf dem Marktplatz

Genug der römischen Abschweifungen. Wer den Neckar hinter sich läßt und zum Marktplatz weitergeht, der mag, mit Goethe, einen raschen Blick nach rechts in die Kramstraße werfen. Ausgestattet mit ein wenig Einbildungskraft, erkennt man hinter der Fassade des alten Historischen Museums wieder, was Goethe so beschrieben hat: »Die Fleischbänke, ein uraltes, ringsum frei auf Säulen stehendes, mit einer hölzernen Decke bedecktes Gebäude. Sie sind wenigstens viel löblicher als die Frankfurter, scheinen aber für die gegenwärtige Zeit zu klein, oder aus sonst einer Ursache verlassen. Ich fand wenig Fleisch darin; hingegen haben die Metzger an ihren in der Stadt zerstreuten Häusern ihre Ware aufgelegt und ausgehängt; ein böser und unreinlicher Mißbrauch.«

Kramstraße

Dem geschulten Auge Goethes entging nichts; so kommentierte er nicht nur die »gute, natürliche, stille, bürgerliche Denkart« der Einwohner, sondern auch deren ungenügende hygienische Anschauungen: »Die Hauptstraßen sind meistens rein, aber die kleinern, besonders nach den Mauern zu, scheinen hauptsächlich von Gärtnern und Akkerleuten bewohnt zu sein. Die Straße dient jedem kleinen Hausbesitzer zum Misthof.« Was dem Städter Goethe mißfiel, quälte sechzig Jahre später den weitgereisten David Friedrich Strauß noch heftiger: »Und was besonders schlimm ist, das mir so dringend nötige Spazierengehen ist durch den unglaublichen und den unerhörten Schmutz aller Straßen sehr erschwert.« Nun, von der Kramstraße bis zum Marktplatz werden beide dennoch gelangt sein. Wer es sich wie der Reisende Goethe auferlegt hat, gleichermaßen von der Qualität des Brotes (»Das weiße Brot

David Friedrich Strauß

ist hier sehr schön.«) bis zu der der Weiblichkeit (»Die Mägde sind meist schöne, stark und fein gebildete Mädchen und geben einen Begriff von der Bildung des Landvolks.«) zu berichten, dem mag gelegentlich Bemerkenswertes entgehen. Und so nimmt sich Goethes Beschreibung des Marktplatzes recht einsilbig aus: »Die alten Kirchen sind nicht groß, von außen einfach und ohne Zierrat. Der Markt mäßig, das Rathaus nicht groß, aber schick-

lich.« Das ist ein wenig dürftig, um das Herzstück der Stadt kenntlich zu machen. Denn was dort beisammen steht – Rathaus, Kilianskirche, Käthchenhaus und (einst) das Rauchsche Palais –, das waren Treffpunkte der Besucher, auch der literarisch beflissenen unter ihnen.

So kam im gleichen Jahrzehnt wie Goethe auch der krän-
kelnde Knabe Justinus Kerner von Maulbronn nach Heilbronn: »Wir stiegen auf dem Marktplatze bei der Mutter des Fräuleins von Osterholz (der Frau von Stetinkh, die hier getrennt von ihrem Manne lebte) ab. Es war bald Mittag, als wir ankamen. Matthias holte mich sogleich auf den freien Platz vor dem Rathause, denn es war bald zwölf Uhr, wo die Böcke an der künstlichen Uhr des Rathauses zwölfmal gegeneinander stoßen und der Engel posaunt. Das war ein neuer Anblick, besonders für Matthias, der, als die Böcke mit dem Schlag zwölf Uhr zu stoßen anfingen, ihre Bewegungen nachahmend, mit dem Kopfe vorwärts stoßend, einen mächtigen Satz machte und einen vorübergehenden Herrn in einem roten Bordenrocke und einem Höcker dergestalt auf denselben stieß, daß derselbe unaufhaltbar unter einen dort stehenden Güterwagen fiel.« Jener malträtierte Herr war der
russische Geheimrat Melchior Adam Weickhardt, ein einstiger Leibarzt der Zarin Katharina II., der Kerner von seinen Leiden befreien sollte. Trotz seines unrühmlichen Sturzes ließ sich der »Wunderdoktor« die Behandlung

nicht nehmen; er verwarf Kerners bislang eingenommene Medikamente als »entsetzlich« oder »tödlich« und verschrieb gegen die offensichtliche Entkräftung des Kindes seine berüchtigte Hausmischung, den Hoppelpoppel: »Man zerreibet das Gelbe von zwei frischen Eiern mit etwas Zucker. Man gießet eine Tasse heißes Wasser dazu, und einen oder zwei Löffel voll Kirschgeist oder Rum oder Branntwein und trinket es warm.« Justinus trank willig und überlebte.

Hoppelpoppel

Die Kunstuhr des Rathauses faszinierte nicht nur den jungen Kerner und den Kutscher Matthias. Auch der französische Dichter Victor Hugo (*Die Elenden; Der Glöckner von Notre-Dame*) verharrte vor dem Rathaus, als er in den dreißiger Jahren des 19. Jahrhunderts während einer Deutschland-Reise auch Heilbronn passierte, diese »alte, merkwürdige Kleinstadt, die kein Mensch kennt«: »Auf dem Platz neben der Kirche, rings von Giebeln und Türmchen umgeben, erhebt sich die Rathausfront aus dem 15. Jahrhundert über einer breiten Freitreppe, gespickt mit Engels- und Kriegerstatuen. Diese Front, die augenblicklich neu ausgemalt und vergoldet wird, besteht fast ganz aus einem großen Uhrgehäuse in drei Stockwerken, ähnlich wie in Frankfurt an der Stiftskirche. Ein sonderbarer Eindruck. Sonne, Mond und Sterne gehen mit geheimnisvollem Geräusch an den Fenstern dieser Fassade ab und zu.«

Kunstuhr des Rathauses

Und noch ein Zeuge der Uhr – Mark Twain: »Das Rathaus ist ein Stück sonderbarster und malerischster mittelalterlicher Architektur. Es hat einen wuchtigen Säulenvorbau und eine mit einem schweren Geländer gesäumte und mit lebensgroßen rostigen Eisenrittern in voller Rüstung geschmückte Freitreppe. Die Uhr an der Vorderseite des Gebäudes ist sehr groß und von recht eigener Gestalt. Ein vergoldeter Engel schlägt mit einem Ham-

Mark Twain

mer die volle Stunde auf einer Glocke; wenn das Schlagen zu Ende geht, hebt eine lebensgroße Figur, die Zeit darstellend, ihr Stundenglas und dreht es um; zwei goldene Schafböcke gehen aufeinander los; ein vergoldeter Hahn hebt die Flügel; aber die Glanzstücke sind zwei große Engel, die mit einer langen Posaune an den Lippen zu beiden Seiten des Zifferblattes stehen. «

Geheimnis der Uhr Die tiefschürfendsten Einblicke in das Geheimnis der Uhr erhielt freilich Franz Dingelstedt: » Das Rathaus ist Löwe Nummer eins. Der Lohnbediente fordert alle Fremdlinge auf, eine Stunde lang an der Façade hinaufzuschauen, bis die Glocke der Stadtuhr schlägt. Dann stoßen nämlich zwei Böcke, die in vergoldeter Plastik über dem Werk prangen, ihre gehörnten Häupter, so oft wie der Stundenschlag ertönt, hart gegeneinander, und eben so oft öffnet und schließt ein goldener Hahn sein Flügelpaar. Unstreitig ein lehrreiches Schauspiel. Der Lohnbediente erklärte

Symbolik des Hahns uns auch die Symbolik des Hahns, als durch welchen die Wachsamkeit eines Ehrsamen Stadtrats in reichsunmittelbarer Vorzeit bildlich hätte angedeutet werden sollen. Für die Böcke wußte er keine andere Auslegung als die kühne Conjectur, der erste regierende Bürgermeister sei vielleicht ein Schneider gewesen. Überhaupt sprach er nicht gern von diesen nützlichen, aber ihm in üblem Geruch stehenden Haustieren. Er hatte eine Malice auf sie, seit ihm einmal ein sehr vornehm angetaner, mit Extrapost reisender, nur Französisch redender Herr, den er pflichtmäßig auf das schöne Kunstwerk aufmerksam gemacht, indem er, der Zeichensprache sich bedienend, unter höchst ausdrucksvollem Gemecker mit dem Kopf gegen ihn angelaufen, statt eines Trinkgelds eine Ohrfeige verabreichte. ›'s ischt e Schneider-Meischter aus Berlin gewe', ond sell hatt' ich ebn net gewuscht‹, seufzte der beleidigte Cicerone. «

Daß die akustischen und optischen Wunder der Uhr auch ihre Schatten-, genauer: Nachtseiten aufweisen, darf nicht verschwiegen werden. Als der leidgeprüfte Hotelgast Mark Twain endlich ermattet in sein Federbett zurückfiel, demonstrierte das Werk des Schaffhäuser Uhrmachers Isaac Habrecht seine unüberhörbare Macht: »... da fing eine Uhr an zu schlagen; ich zählte, bis sie fertig war, und wollte gerade wieder eindösen, als eine andere Uhr anhub; ich zählte; dann begannen die beiden großen Rathausuhrengel, sanft und volltönend und melodisch auf ihren langen Trompeten zu blasen. Noch nie zuvor hatte ich etwas so Liebliches, so Überirdisches, so Geheimnisvolles gehört – aber als sie dann auch die Viertelstunden bliesen, dünkte mich doch, daß sie die Sache ein wenig übertrieben. Jedesmal, wenn ich einen Augenblick lang hinüber war, weckte ein neues Getön mich auf. Jedesmal, wenn ich wach wurde, vermißte ich mein Deckbett und mußte auf den Fußboden greifen und es zurückholen. « Zweifelsohne: Die Handwerker der Stadt hatten ordentliche Arbeit verrichtet; denn gut fünfzig Jahre zuvor hätte, wie Karl Julius Weber bemerkt, kein Rathauslärmen den Schlaf des Amerikaners stören können: »... aber die künstliche Uhr stockt – der Engel posaunt nicht mehr – der Hahn kräht nicht mehr – die zwei Böcke stoßen nicht mehr einander – viele Dinge sind nicht mehr wie sonst!« Ob Twain, Hugo oder Dingelstedt – so genau oder phantasievoll sie beobachtet haben, so hat dennoch keiner von ihnen jene Besonderheit wahrgenommen, die der Schweinfurter Lyriker Friedrich Rückert in seinem »politisch-patriotischen« Gedicht *Die französischen Bauernzöpfe* verarbeitete. »Zu Heilbronn in der Stadt«, will es Rückert »jüngst erfahren« haben, wie ein schwäbischer Hauptmann während der Befreiungskriege die widerspenstigen Franzosen zähmte, die ihm und seinen Mannen die Ver-

Nachtseiten

Rathausuhrengel

Friedrich Rückert

pflegung verweigert hatten. Doch – laut Rückert – wußte der Hauptmann Rat und drohte den Einheimischen an, sie ihres Festtagsputzes, eines »drei Ellen langen« Haarzopfes, zu berauben:

Die schneid' ich euch ab von den Köpfen,
Und halte sie in Haft,
Bis ihr uns in den Töpfen
Gehörigen Vorrat schafft;
Ich halt' es unverbrochen:
Ist nicht gleich Essen hie,
So lass' ich die Zöpfe kochen,
Und essen sollt ihr sie.

Beuteschatz

Dazu kam es nicht, doch immerhin nahm man den Franzosen ihren Schmuck ab und führte ihn dem Beuteschatz zu:

Und als in jenen Reichen
Es mit dem Krieg war aus,
Trug man als Ehrenzeichen
Die Zöpfe mit nach Haus,
Nach Heilbronn sie zu bringen,
Aufs Rathaus, zu der Hand,
Des Götz von Berlichingen,
Wo ich sie neulich fand.

Glücklicher Friedrich Rückert, dem es das Schicksal gewährte, diese legendären welschen Zöpfe zu entdecken; er ist bis heute wohl ihr einziger Betrachter gewesen, und anstatt sich aufzumachen, im Rathausinnern nach dieser Kriegsbeute zu forschen, tut man besser daran, sich – vielleicht mit französischer Zwiebelsuppe – zu stärken in der

Restauration

»schönen großen Restauration in den untern Räumen des Rathauses, die von Fremden wie Einheimischen viel besucht wird.« (Theodor Heuss)

Die Kilianskirche

Dem Rathaus gegenüber: die Kilianskirche, die »Haupt-
kirche Heilbronns, auf deren gotischem Leibe der edle,
kräftige und schmuckreiche Turm der jungen deutschen
Renaissance steht.« (Werner Bergengruen) Zu ihr hin-
überzugelangen ist, trotz des lästigen Autoverkehrs,
heute kein schwieriges Unterfangen, sofern man der herkömmlichen Fortbewegung vertraut; heikler dürfte sich
diese Aufgabe einst für den Artisten Rudolf Knie gestellt   *Rudolf Knie*
haben. Theobald Kerner hat von dessen Kabinettstück-
chen berichtet: »Der berühmte Akrobat Rudolf Knie gab
in Heilbronn seine Vorstellungen. Vom Marktplatz zum
Kirchturm hinauf war ein großes Seil gespannt, auf welchem Knie auf und ab stieg. Mein Vater sah ihm von einem nahen Fenster aus staunend zu, wie er mit so siche-
rem Tritte, die Augen starr vor sich gerichtet, in schwin-
delnder Höhe, auf dem langen, stramm gespannten Seil
dahinschritt, und glaubte, diese außerordentliche Fertig-
keit, auf dem Seile zu gehen, sogar mit verbundenen Au-
gen, sei bei dieser allbekannten Seiltänzerfamilie nicht al-   *Seiltänzerfamilie*
lein eine von Vater, Sohn und deren Kindern angelernte
Kunst, sondern beruhe vielleicht auch nebenbei auf einer
eignen Naturanlage, einer erblichen Neigung zum Nacht-
wandeln, gesteigertem Traumleben.«
Ob mit rechten oder unrechten Dingen: Knie gelangte
wohlbehalten hinüber zur Kilianskirche und wenig später
– wenn auch zu ebener Erde – ins Weinsberger Kernerhaus. Vielleicht erzählte ihm dessen Hausherr damals
auch von seinen Kindeseindrücken, wie er sie im *Bilderbuch aus meiner Knabenzeit* aufgezeichnet hat. Von einem
aufregenden Gang auf den Wartberg nach Heilbronn zu-

rückgekehrt und mit einigen Tassen Hoppelpoppel gestärkt, begann der schlummernde Knabe Justinus die
nächtlich-dämonischen Kräfte des nahen Kirchturms zu
spüren: »Mein Bett stand nächst einem Fenster, das zu der
schönen, alten Kirche am Markte, und ihrem künstlich
erbauten, vielfach durchbrochenen Turme, auf dessen
Ritterbild Spitze ein Ritterbild stand, sah. Der Sturm hauste besonders von diesem Turme her in den sonderbarsten Tönen;
denn an verschiedenen Seiten des Turmes waren Schallö-
cher angebracht, die, wenn der Sturm in sie blies, schauer-
liche Töne stoßweise über die ganze Stadt verbreiteten.
Von Blitzen erleuchtet, standen Turm und Kirche bald in
Feuer, wie auf Goldgrund mit ihren schwarzen Umrissen,
bald verschwanden sie wieder in die finsterste Nacht. Als
aber die Wolken sich entleert hatten, trat der Mond an den
reinen Himmel, und Kirche und Turm standen in einer
Schönheit vor mir, wie ich Gebäude der Art noch nie sah.
Lange verweilte mein Blick auf ihr und spielte meine
Phantasie mit den schönen Umrissen des Turmes mit seinen Steingebilden, grotesken Köpfen von Tieren und
Menschenfratzen Menschenfratzen, die als Köpfe von Rinnen aus ihm rag-
ten, und mit seiner künstlich durchbrochenen Wendel-
treppe, die sich um ihn fast bis zu seiner Spitze mit dem
auf ihm stehenden Ritterbilde schlang. Die vom Monde
erhellten Kirchenfenster malte ich mir in Gedanken selbst
mit den buntesten Bildern aus. Nach und nach gingen
aber alle diese Bilder mit mir in Schlummer und Traum
über. «

Die derart erstaunliche Kirche – »ein ehrwürdiges Altertum, an dessen Äußeres und Inneres viel bewunderns-
würdige Kunst verschwendet ist« (Gustav Schwab) –
Schauplatz verlangte gleichsam danach, zum Schauplatz literarischer
Werke auserkoren zu werden. Am energischsten folgte
dieser Aufforderung der unter dem Pseudonym Philipp

Spieß veröffentlichende Pfarrer Wilhelm Stähle. Seine bereits zitierte historische Erzählung *Der Steinmetz von St. Kilian* geht zurück in die Tage der Reformation, als der Weinsberger Baumeister Hans Schweiner den Auftrag erhielt, den Westturm der Kirche, ihr Erkennungszeichen, zu errichten. Spieß' ein wenig betuliche, aber lesenswert gebliebene Geschichte verknüpft die Baugeschichte des Turmes, die heftigen Kämpfe um die Reformation und deren Auswirkungen auf die noch junge Ehe des Weinsberger Baumeisters mit Elisabeth Hünderer. Um kräftiges Lokalkolorit nicht verlegen, schildert Spieß die nicht immer unkomplizierten Arbeiten am Turm, die die aufrührerischen Bewohner der Windgasse anfänglich zu verhindern suchten. Aller Unbill zum Trotz: Im Jahre 1529 ist Schweiners Werk vollendet, und Philipp Spieß' gnädige Erzählerhand läßt auch die entzweiten Eheleute wieder zusammenrücken: »Frau Elsbeth schaut zum Fenster hinaus. Da hebt sich der herrliche Turm von der Sonne beleuchtet strahlend am blauen Himmel ab. Sie schaut und schaut, dann geht sie noch einmal auf den Mann zu, schließt ihn in ihre Arme und sagt: ›Ich bin nicht wert, des Mannes Weib zu sein, der diesen Bau geschaffen.‹«

Hans Schweiner

Im Jahre 1529

Daß sich zarte Liebesgefühle auch an geistlichem Ort regen können, hatte bereits, ein halbes Jahrhundert vor Spieß, der seinerzeit erfolgreiche Dichter Franz von Gaudy (1800–1840) erzählerisch ausgeschmückt. Seine Novelle *Jugend-Liebe* läßt in biedermeierlicher Zeit den 83jährigen Johannes Martinus Kirchner, Organist an der evangelischen Kirche zu Wimpfen, sich zurückerinnern an seine Kindheit in der Mitte des 18. Jahrhunderts: »Ich kam zur Welt in der freien Reichsstadt Heilbronn am Nekkar im Jahre des Herrn Eintausend siebenhundert und fünfzig.« Wenige Jahre später erlebt das Kind Johannes den Auszug der Soldaten in den Siebenjährigen Krieg:

Franz von Gaudy

»Das Reichscontingent ward gestellt. Mein armer Vater
mußte mitziehen ... Ich war noch ein winzig Büblein zu
jener Zeit, werd' aber noch auf meinem Sterbelager des
jammervollen Morgens gedenken, da das städtische
Kriegsvolk in's Feld zog. – Der Tag war noch nicht ange-
brochen. Die Soldaten scharten sich auf dem Marktplatz
gegenüber dem Rathause ... Dann ward der Quikmarsch
geschlagen, und die Compagnie zog unter dem Lamenti-
Neckarsulmer Tor   ren der Heilbronner zum Neckarsulmer Tor hinaus ...
Nunmehr war es in unserem Häuslein unweit des Sieben-
röhrbrunnens gar still.«

Johannes' Vater fällt in der Schlacht von Roßbach, und als
bald danach auch die Mutter stirbt, wächst er bei seiner
Tante auf, die mit ihm »in einem der Stadttürme, welche in
der Mauer zwischen dem Fleiner und dem Neckarsulmer
Tor stehen«, wohnt. Als Schüler tritt Johannes in den Kir-
Kirche St. Kilian   chenchor ein und fühlt sich bald »in der Kirche St. Kilian zu
Haus, wie in meinem eigenen Kämmerlein.« Und dort,
wo einst Hans Schweiner seinen Turm erbauen ließ, sieht
Franz von Gaudys Held zum erstenmal seine »Jugend-
Liebe«: »Eines Sonntages gewahrte ich vom Chore aus,
wo wir uns aufhielten, unterhalb der Kanzel und gerade
mir gegenüber ein gar lieblich Mägdlein, welches mir wohl
an Alter gleich sein mochte, gewißlich aber hoch über mir
an Rang und Reichtum, wie ich dies aus dem saubern seide-
nen Kleide mit den prächtigen eingewirkten Silberblumen
schloß. Das goldgelbe Haar floß ihr in langen Locken hin
und war noch nicht mit Puder bestreut; die Augen waren
über alles lieb und mild, das Antlitz fein und wunderzart, es
gemahnte mich an das meines seligen Herzmütterleins, so
daß ich es gar nicht satt bekommen konnte, nach dem feinen Kinde hinzuschauen.«

Doch wie es sich für eine entsagungsvolle Erzählung aus
Biedermeier   dem Biedermeier gehört: Noch ehe Johannes' Blicke

fruchten und die zarten Bande der Liebe geknüpft werden können, erlöschen die Lebensgeister des »lieblich Mägdlein«. Johannes Kirchner bleibt zeitlebens Junggeselle, eingedenk seiner frühen Liebe, die in der Kilianskirche ihren Anfang nahm.

Wem die »schöne Kirche« (Victor Hugo) nicht als Quelle der Inspiration diente, dem ist sie – wie Mark Twain – zumindest im Gedächtnis geblieben als »ein seltsames altes Bauwerk mit einem Turm, der mit allerlei sonderbaren Steinfiguren geschmückt ist« – es sei denn, man hatte es eilig wie Herr Goethe: »Die alten Kirchen sind nicht groß, von außen einfach und ohne Zierrat . . . «

Der Zar und die Baronin

Kaiserstraße Das gegenüber der Kilianskirche, an der Ecke zur Kaiserstraße, gelegene Haus läßt heute nicht mehr auf seine erlebnisreiche Vergangenheit schließen, während der es mehrfach politischen und künstlerischen Größen Aufenthalt bot. Die Cafékneipe im Erdgeschoß heute – das mag vielleicht daran erinnern, daß sich hier, in eisgrauer Vorzeit, die Herberge befand, die Götz von Berlichingen und seine Familie in ritterlicher Haft verwahrte. Dreieinhalb *» Krone «* Jahre logierte Götz in der » Krone « des Dietz Wagemann, ohne daß die Haftbedingungen seinen trinkfreudigen Lebensrhythmus erheblich gestört hätten. Noch 1809 fühlte sich Goethes Sohn August, » der weder begabt noch tüchtig war und nur die Pedanterie vom Vater geerbt hatte « (Richard Friedenthal), gänzlich ergriffen, als er in den Spuren des Ritters wandelte: » Es wurde mir ganz eigen zumute, als ich diese alte Stadt durchwanderte, in welcher Götz auch gewaltet und gelebt hatte. « Zum Glück jedoch ließ sich der Dichtersohn bald von seiner Nachdenklich- *Annehmlichkeiten* keit abbringen: » Zu Heilbronns Annehmlichkeiten gehören auch noch seine Töchter: denn ich habe noch in keiner Stadt so viele schöne Mädchengesichter erblickt, ob ich gleich nur einen halben Tag da verweilte. « August Goethe besuchte die ehemalige Reichsstadt, kurz nachdem die Großhändlergebrüder Rauch an der Stelle der Götzschen *Rauchsche Palais* » Krone « das massive steinerne Rauchsche Palais errichtet hatten. Ein französischer, in Frankfurt lebender Architekt hatte die Pläne zu dem über 200000 Gulden teueren Gebäude angefertigt, das sich bis zu seinem Umbau während der Gründerzeit durch ein schlichtes, einförmiges Äußeres auszeichnete – eine Nüchternheit, die dem kritischen

Auge eines Romantikers nicht standhielt. Als Beispiel »scheußlicher Gips- und Pappearchitektur« empfand Victor Hugo das Rauchsche Haus, als ein Bauwerk, das »den Wasserspeiern an der Kirche fürchterlich langweilig« vorkommen müsse.

Victor Hugo

Ehe das Palais solch harschen Tadel erntete, war es indes zum Schauplatz einer bedeutsamen historischen Unterredung geworden. Man versetze sich in das Jahr 1815: Im Gefolge der Rückkehr Napoleons von Elba diente Heilbronn als erstes Hauptquartier für das gegen den verbannten Kaiser im süddeutschen Raum aufzustellende Heer. Die Stadt erlebte einen einmaligen Aufmarsch eminenter Herrscher und Generäle, darunter auch der russische Zar Alexander I., der sich im neuen, trefflich ausgestatteten Rauchschen Palais einrichtete. Am Abend des 4. Juni 1815 erhielt Alexander den überraschenden Besuch der Baltin Juliane von Krüdener, die sich kurz zuvor mit ihrem Troß im Weinsberger Rappenhof eingemietet hatte. Seit gut einem Jahrzehnt bemühte sich die Baronin, ihre zwischen Literatur, Pietismus und Mystizismus schwankenden Ideen allenthalben in Europa zu verbreiten. So stand sie, die »mit ihrem äußerst regsamen Geiste, ihrer Anmut und Schönheit einst die Zierde der vornehmen Pariser Kreise gewesen« (Th. Kerner) war, in Verbindung mit Preußens Königin Luise oder dem pietistischen Schriftsteller Heinrich Jung-Stilling und zog mit einer bunten Anhängerschar, zu der auch Mörikes »Peregrina« Maria Meyer gehört haben soll, durch die Lande.

Zar Alexander I.

Juliane von Krüdener

Maria Meyer

Im Rauchschen Palais nun fiel ihr faszinierender religiöser Eifer auf fruchtbaren Boden; von schweren Krisen getroffen, nahm der russische Zar die flammenden Appelle der Baronin begierig auf. Da die geschichtlichen Quellen uns alle Einzelheiten dieses denkwürdigen Abends versagen, mag die blühende Phantasie einer Romanschriftstellerin

Baronin von Krüdener

aushelfen. 1928 veröffentlichte Irma von Drygalski das herzergreifende Opus *Juliane von Krüdener. Der Roman eines Lebens,* das die intimen Details des folgenreichen Tête-à-Tête nicht verschweigt: »Da sie schwer atmend innehielt, die Hand an die Stirne preßte, sah sie die Schultern des Kaisers zucken. Dumpfes Schluchzen erschütterte ihn. Sie stürzte aus der Ekstase – sie begriff, zu wem sie gesprochen. Kraftlos sanken ihre Arme an ihr nieder. Aber der Zar hob den Kopf nicht. Er schluchzte weiter. Da fühlte sie: er ist nicht mehr als du. Er ist wie du gemischt aus Kraft und Schwäche. Um zehn Jahre ist er jünger als du. Gott hat dich ihm als Sonne an den Himmel gestellt in dieser sternenlosen Nacht ... Und sie neigte sich von hinten her über ihn, umfaßte mit ihren Armen seine Schultern und lehnte ihre Wange an sein Haar. Und so, mit vielen Tränen ihn benetzend, sprach sie von ihrem furchtbaren Wege zu Gott und von seinen tausend Stufen und Schlingen. Ihre Augen weiteten sich, da sie sich rückhaltlos verklagte. Ihr war, als sei um dieser einen Stunde willen ihr ganzer Erdentag bis heute vergeudet ... Nach einer Weile spürte sie, daß neben ihr der Kaiser in die Knie sank. Sie klammerte sich an seinen Arm: ›Lassen Sie uns beten, Alexander!‹ – Sie streckte die Arme aus, Schluchzen aus dem Tiefsten ihres Chaos schütterte aus ihrem Mund ... Auch der Zar begann zu murmeln. Sie lauschte auf seine Worte. Ihre Seele, ein Habicht, hing funkeläugig über der seinen. Und wo sein Wort zum zagen Zwitschern wurde, da stieß ihre Seele mit glühenden Fängen vor und riß ihn höher empor ins Übertaumeln der Welt ... Mitternacht bebte es von dem Turme von Sankt Kilian. Der Kai- ser wankte empor. Die Frau folgte. Mit beiden Händen preßte Alexander ihre Hand an seine ausgedörrten Lippen: ›Kommen Sie wieder, Schwester. Ich danke Ihnen in Jesu Namen. Verlassen Sie mich nicht. «

Wer dem poetischen Furor der Irma von Drygalski miß-
traut: Drei Monate später wurde die von Alexander I.
entworfene Heilige Allianz unterzeichnet, deren Aufforderung, das politische Handeln den Maximen des christli-
chen Glaubens zu unterwerfen, sich unschwer auf den
Einfluß Juliane von Krüdeners zurückführen läßt – auf einen Einfluß, der seine maßgebliche Wirkung hinter den
schmucklosen Fassaden des Rauchschen Hauses zu ent-
zünden begann. Und so erinnert sich auch Theobald Kerner an dieses Ereignis: »Wenn mein Vater vom Geisterturm oder der Weibertreu aus den Fremden den Rappenhof zeigte und dabei die Geschichte der Frau von Krüdener erzählte, setzte er oft scherzend hinzu: ›Die heilige
Alliance ist eigentlich in Weinsberg entstanden und gehört
auch zu den kakodämonischen Erscheinungen.‹«

Daß das spätere Rauchsche Palais zu Zeiten des Götz von
Berlichingen den beliebten Herbergsnamen »Krone«
trug, hat zu manchen Verwechslungen geführt. Deren be-
kanntestes Opfer – Mark Twain – verbrachte seine Heilbronner Tage in der festen und irrigen Überzeugung, »in
demselben Gasthaus« abgestiegen zu sein, »in dem der
berühmte alte Raubritter und Haudegen Götz von Berlichingen wohnte.« Gründliche Recherchen haben längst
enthüllt, daß sich Twains Bleibe – die »Krone« – damals
nicht mehr auf dem Marktplatz, sondern in der Lohtorstraße nahe der Lammgasse befand. Der Amerikaner
ahnte von seinem Irrtum nichts, und da der Glaube Berge
versetzt, ließ sich der Dichter alsbald von der schauerli-
chen Vergangenheit seines vermeintlichen Vormieters in-
spirieren: »Aus der Wand ragte ein Haken, und der Wirt
sagte, an ihn habe der furchterregende alte Götz seine ei-
serne Hand gehängt, wenn er zu Bett ging.«
Überschattet von solch düsteren Vorstellungen, beabsich-
tigten der ermattete Autor und sein Begleiter Harris, der

Bettruhe zu pflegen. Doch weit gefehlt: Kaum ein anderer touristischer Schläfer wird jemals in Heilbronn eine Nacht verbracht haben, die sich mit den Leiden und Qualen Mark Twains messen darf. Während der gefühllose Harris selig entschlummerte, ließ das stete Rascheln einer Maus den gefühlvollen Dichter verzweifeln. Von Nagetieren, Bauchgrimmen und den bereits erwähnten Rathausuhren aufs äußerste gepeinigt, strebte dieser danach, sein Gemach zu verlassen, um »auf dem großen Platz« eine »erfrischende Waschung in dem Brunnen« vorzunehmen. Indes, das nächtliche Dunkel im Zimmer verwehrte den Weg ins rettende Freie und ließ den Geplagten stundenlang mit Tischen, Schränken und Kommoden kollidieren, ehe – endlich! – das tösende Gepolter die anderen Gäste aufschreckte: »Danach zogen der Wirt und sein Gefolge sich zurück, und wir übrigen rüsteten uns zum Frühstück, denn die Morgendämmerung wollte eben anbrechen. Ich warf einen verstohlenen Blick auf meinen Schrittmesser und stellte fest, daß ich 75 Kilometer zurückgelegt hatte. Aber das focht mich nicht an; schließlich war ich hergekommen, um zu wandern.« Allein diese turbulente Nachtwanderung hat der »Krone« in der Lohtorstraße zu unvergänglichem Ruhm verholfen, so daß sie nicht hinter dem gleichnamigen Gasthof am Marktplatz, den Götz von Berlichingen aus der Anonymität der ungenannt bleibenden Wirtshäuser befreite, zurückzustehen braucht. Man bedenke: Sogar Sigmund Freud, der Vater der Psychoanalyse, hat in einer Abhandlung auf Mark Twains Heilbronner »Kronen«-Erlebnisse zurückgegriffen, um die Wirkkraft des »Unheimlichen« zu illustrieren. Mühelos also läßt sich vom Rauchschen Palais eine Brücke schlagen, die die Heilige Allianz und die Psychoanalyse miteinander verbindet.

Bauchgrimmen

75 Kilometer

Sigmund Freud

Das blonde Käthchen

Bei aller Bedeutsamkeit, die sich dem alten Rauchschen Palais zuschreiben läßt: Den eigentlichen literarischen Brennpunkt auf dem Marktplatz bildet das auf der anderen Seite liegende Käthchenhaus, ein im 14. Jahrhundert errichtetes Gebäude, dessen markanten Erker ein einstiger Besitzer, der Reformator Johann Lachmann, anbauen ließ. Was früher den Heilbronnern kurz und bündig als das »Steinhaus« vertraut war, wechselte unmerklich in der zweiten Hälfte des 19. Jahrhunderts seinen Namen und erinnert seither, so scheint es, als »Käthchenhaus« an Heilbronns angesehenste literarische Tochter.

Das »Käthchenhaus«

Ein Blick in die Auslagen der Andenkenläden oder des Fremdenverkehrsvereins verrät, wie sehr man die Werbewirksamkeit dieser dramatischen Heldin zu nutzen versteht. Mit blonden Zöpfen und adrettem Rocke lächeln einem die Käthchenpuppen (in verschiedenen Größen) entgegen, als wollten sie mit sanfter Verführung den letzten Zweifler davon überzeugen, daß man sich so das Urbild der Kleistschen Protagonistin vorzustellen habe. Ja, es ist schwer, die Literatur ins rechte Bild zu rücken: Während die Käthchen-Blondinen an jene kräftigen Damen erinnern, die üblicherweise für holländischen Käse werben, waren die Heilbronner in den sechziger Jahren höchst unzufrieden, als der Bildhauer Hans-Dieter Läpple eine Statue als Käthchen-Phantasie ausgab. Nun gut, Läpples ein wenig an die Gänseliese gemahnende Figur ist längst an einen Platz – beim alten Fleischhaus – verbannt, an dem sie kaum ein Tourist je wahrnehmen wird.

Hans-Dieter Läpple

So bleibt allein das blonde Käthchen – es sei denn, man begnügte sich mit den euphorischen Bildern, die Heinrich von Kleist den Kindsvater, den Waffenschmied Theobald Friedeborn, deklamieren läßt: » ... ein Kind recht nach der Lust Gottes, das heraufging aus der Wüsten, am stillen Feierabend meines Lebens, wie ein gerader Rauch von Myrrhen und Wachholdern! Ein Wesen von zarterer, frommerer und lieberer Art müßt ihr euch nicht denken, und kämt ihr, auf Flügeln der Einbildung, zu den lieben, kleinen Engeln, die, mit hellen Augen, aus den Wolken, unter Gottes Händen und Füßen hervorgucken. Ging sie in ihrem bürgerlichen Schmuck über die Straße, den Strohhut auf, von gelbem Lack erglänzend, das schwarzsamtene Leibchen, das ihre Brust umschloß, mit feinen Silberkettlein behängt: so lief es flüsternd von allen Fenstern herab: das ist das Käthchen von Heilbronn; das Käthchen von Heilbronn, ihr Herren, als ob der Himmel

Heinrich von Kleist

Himmel von Schwaben

von Schwaben sie erzeugt, und von seinem Kuß geschwängert, die Stadt, die unter ihm liegt, sie geboren hätte. «

Kleists Ritterschauspiel *Das Käthchen von Heilbronn,* das im März 1810 im Theater an der Wien uraufgeführt wurde, hat – man danke es ihm noch heute – Heilbronn dem Bestand der Weltliteratur zugeführt. Und dennoch schien dies manchem Heimat- und Kunstbeflissenen nicht genug: Man begab sich auf die detektivische Suche nach dem historischen Vorbild der liebestollen Maid, nach der »Wiege des schönen Käthchens« (Weber) und wurde – wen wundert's – fündig. Kleist, der die Stadt wohl nie besucht hat, gab in seinem Stück für Identifizierungen kaum Anhaltspunkte. »Die Handlung spielt in Schwaben«, heißt es knapp zu Anfang, und mit lokalen Ornamenten ist die Geschichte des Schmiedstöchterleins nicht ausgeschmückt. Trotzdem meinte man, dessen historische Spuren nachzeichnen zu können; vor allem Friedrich Dürr, dem Verfasser der *Heilbronner Chronik,* gelang es, mit wenigen, eher dürftigen Indizien eine veritable Käthchen-Legende zu verbreiten. Deren Kern vermutete in der 1773 geborenen Bürgermeistertochter Elisabeth (Lisette) Kornacher das Kleistsche Käthchen – ein folgenreicher (und längst entkräfteter) Mythos begann sich zu bilden. Gewiß: Kleist hatte im Jahre 1808 Dresdener Vorlesungen des Naturphilosophen Gotthilf Heinrich Schubert gehört, die mehrfach die Krankheitsgeschichte der Lisette Kornacher erörterten. Als 15jährige kam sie in die Behandlung des berühmten Stadtphysikus Eberhard Gmelin, der als Anhänger des Mesmerismus weites Aufsehen erregte. Galt Lisettes Fall damals als Beispiel des Somnambulismus, so liest sich dies in heutiger Sicht wesentlich nüchterner. Poetische Gemüter – auch solche, die Kleists Heldin irrigerweise als Nachtwandlerin deuteten – werden sich an der unpoetischen Prosa stören, mit der der Neurologe Hermann Imhof heute den Fall analysiert. Demnach litt Lisette an »neurotischen Reaktionen im Affektbereich, die zu spastischen Störungen der Luftwege führen können.« Der rätselhafte Somnambulismus unserer Honoratiorentochter entpuppt sich so weitaus weniger geheimnisvoll als »psychogenes Asthma bronchiale« ...

Asthma bronchiale

Nach der Behandlung ihrer pubertären Störungen entwickelte sich Lisette unauffällig; im Mai 1796 heiratete sie den Arzt Christian Klett, und 84jährig starb die neunfache Mutter 1858 in Heilbronn, ohne zu ahnen, daß man sie dereinst zur literarischen Muse stilisieren würde. Wer sich ungeachtet aller modernistischen Zweifelsucht seinen Glauben an das »Käthchenmodell« nicht nehmen lassen will, darf noch heute zum Grab Lisettes wallfahren. Weit ist der Weg nicht: Auf dem alten Heilbronner Friedhof

Heilbronner Friedhof

stößt man beim Eingang Frauenweg rasch auf das Klettsche Familiengrab mit der Platte für »Elisabethe, geb. Kornacher« und mag dort ebenso andächtig wie vor dem Götzenturm verweilen. Eine schöne Ruhestätte hat Lisette allemal gefunden.

Die so stimmig wirkende Legende, die Dürr und seine Mitstreiter ausstreuten, verfehlte ihre Wirkung nicht. Ein feines Netz aus Dichtung und Wahrheit legte sich über die Quellengeschichte des *Käthchens,* und am Ende hieß es gar, der Dichter sei unzweifelhaft regelmäßiger Gast der Familie Kornacher-Klett gewesen. Und der Literat Robert Oechsler bedichtete sogar einen Wartberg-Besuch Kleists:

Robert Oechsler

Braun, kurzgelockt und breit und schicksalstrotzig,
Doch Kinderaugen schauten d'raus hervor,
Groß, scheu, nachtwandlerisch nach innen flüchtend,
Als ob er träumend sich hierher verlor!

Da leuchtet es empor in diesen Augen:
– Verklärt die blasse Stirn ein schöner Traum? –
›Ei Käthchen, Schelm, da bist du ja‹, so kommt es
Von seinen Lippen, leis vernehmbar kaum!

Auch dies natürlich gern geglaubte Propaganda, und wen wird es noch erstaunen, daß das Käthchenhaus am Marktplatz weder zu Kleist noch zu den Kornachers in irgendeiner Verbindung steht. Die kargen Beschreibungen aus dem *Käthchen* aufgreifend, ernannte der Volksmund gegen Ende des vergangenen Jahrhunderts das alte Weingandsche Steinhaus zur Käthchenstätte. Noch wenige Jahrzehnte zuvor hatte es mit einem anderen Gebäude um den literarischen Ruhm zu wetteifern. Ernst Friedrich Kauffmann schrieb 1842: »Das angebliche Haus des Käthchens von Heilbronn, unweit des in halbdorischem Stil gebauten Schlachthauses, bewohnt jetzt noch ein Schmied von eben soviel Geschicklichkeit als Humor, der schon seiner kräftigen Gestalt nach, aus jener guten Zeit übrig geblieben sein muß«, und Franz Dingelstedt stimmt wenige Jahre später damit überein: »Außer Schwabens letztem Ritter hat auch noch die erste Hellseherin Schwabens, das Käthchen von Heilbronn, ihr Denkmal in den Mauern der alten Reichsstadt. Unweit von dem städtischen Schlachthaus, gar stattlich mit seinem dorischen Säulengang sich darstellend, dicht neben dem großen Siebenröhrbrunnen steht … das Haus, welches der wackere Waffenschmied, Käthchens Vater, bewohnt hat. Noch zur Stunde ist's eine Schmiede, deren heutiger Meister, eine derbe Gestalt, ein derber Humor, sprechend ähnelt dem berühmten Ahnen, wie ihn Kleist gemalt, Holbein überkleistert hat. Aber das Käthchen ist verschwunden, und ihr ›hoher Herr‹ desselbigen Gleichen. Ein ›heimliches Gericht‹ üben die Mägde wohl noch aus am Sieben-

Weingandsche Steinhaus

Siebenröhrbrunnen

röhrenbrunnen, wo Käthchen geschöpft und geträumt hat. Die heutigen Jungfrauen von Heilbronn haben keine magnetischen Gesichte mehr, sie schlafen auch nicht unter dem Fliederbusch; sie gehen in die Actienbrauerei, in die Harmonie, in die Volksversammlungen und Turner- (statt Turnier-)Spiele!«

Harmonie

Trotz der Entschiedenheit Dingelstedts: Das von ihm bevorzugte Imlinsche Fachwerkhaus beim Kirchbrunnen verlor den Wettstreit mit der exponierter gelegenen Marktplatz-Konkurrenz, und bereits um 1890 schmückt sich das alte Steinhaus mit der bis heute gültigen Inschrift »Käthchenhaus«, wiewohl es weder Heinrich von Kleist noch Lisette Kornacher je als Unterkunft diente.

Dem Käthchen-Mythos hat das nie geschadet; er trieb und treibt die seltsamsten Blüten, sei es auf Weinetiketten, Pralinenschachteln oder in der postmodernen Ladenpassage »Käthchenhof«, die man zwischen Rathaus und Käthchenhaus gezwängt hat. Wo es an der historischen Überlieferung fehlt, dürfen sich Phantasie und Public Relations tummeln. Mit größerem Erfolg hat der Literaturwissenschaftler Helmut Sembdner eine Spur zu Kleists *Käthchen* verfolgt, die man lange als Irrweg ansah. Ein Zeitgenosse Kleists, der Altertumsforscher Karl August Böttiger, überlieferte, daß der Dichter bei »seinen militärischen Streifzügen durch Schwaben« die »Legende vom Käthchen als einer Volkssage« vorgefunden habe: »Er bewahrte selbst das gedruckte Flugblatt auf, das er auf einem Jahrmarkte gekauft hatte.« Mit einiger Wahrscheinlichkeit ist es Sembdner geglückt, diese Volkssage, die man für Erfindung oder trügerische Erinnerung Böttigers hielt, ausfindig zu machen: das *Frisch' Liedlein:*

Käthchen-Mythos

Helmut Sembdner

Ein Ritter vor der Schmiede hielt
Zu Heilbronn in der Stadt:

›He Schmied! He Schmied! flink meinen Schild,
Mein Rösselein beschlag,
Mach blank den Speer,
Und meine Wehr,
Daß ich mag fürder traben.‹

Der Ritter in die Stub' eintrat,
Nicht saß er lang allein;
Des Schmied's schön Töchterlein sich naht
Sie brachte kühlen Wein –
Was wirst Du roth
Was wirst Du bleich,
Was wirst Du Ros' und Lilien?

Das Mägdlein krank zusammenbrach,
Der Wein er floß zur Erden,
Dem Ritter sie zu Füßen lag,
Als wolle schier sie sterben.
Zu Roß stieg er
Das Herz gar schwer,
Wußt' nicht, wie ihm geschehen.

Das Mägdlein an der Zinnen stand,
Hub kläglich an zu weinen:
›Gedenk an mich Du edler Knab,
Laß mich nicht lang alleine,
Kehr wieder bald
Dein lieb Gestalt
Lös't mich aus schweren Träumen!‹

Der Ritter über die Brücke ritt,
Sein Rößlein warf er umme:
›Ich denke Dein, Schmiedstöchterlein,
Ich darf nicht wiederkommen.‹

Viel Scherz, viel Schmerz
Brach ihr das Herz –
Sie stürzte von der Zinnen.

Wenn es auch keine Bürgermeistertochter ist, deren Bildnis man ausstellen kann: Eine der Quellen Kleists führt doch nach Heilbronn, zu einer sagenumwobenen Schmiedsfamilie, deren Geschichte dem *Käthchen*-Schauspiel etliche Details geliefert hat. Dessen Wert für die Stadtgeschichte hat bereits Robert Oechsler zu Anfang des 20. Jahrhunderts erkannt, als er der Käthchenstadt ein vielleicht nicht schönes, aber einzigartiges Denkmal gesetzt hat:

Schmiedsfamilie

Mag der Romantik Zinnenkranz zerfallen,
Von ihren Malen bröckeln Stein um Stein
Stets lauter dich der Tageslärm durchschallen,
Der Kampf ums Brot, das Zetern der Partei'n:
Mag Essenqualm noch dichter dich umwallen,‹
Dampfpfeif' und Nebelhorn noch schriller schrei'n:
Die Stätte, die ein Dichter auserkoren,
Geht nimmermehr der Poesie verloren!

Seit dir mit maienfrischem Kranzgewinde
Die Stirne schmückte Dichterphantasie,
Seit ihrer Träume holdem Herzenskinde
Für ew'ge Zeit sie deinen Namen lieh, –
Noch rauher mögen wehn die Zeitenwinde:
Du bleibst gefeit, geweiht der Poesie,
Seit in den Garten pflanzte, dir zum Ruhme,
Sein Käthchen der Poet, die Wunderblume!

Und so lebt es denn noch heute, unser aller Käthchen, die »Verkörperung der Poesie von Alt-Heilbronn« (Oechsler).

Friedrich Schiller

Schiller in der Sülmerstraße

Auf dem Marktplatz treffen sich die Gestalten der Unterländer Literaturgeschichte. Kaum beeindruckt von dieser imaginären Ansammlung, ließ sich der bedeutendste Heilbronner Gegenwartsschriftsteller Herbert Asmodi nicht an seine Geburtsstadt binden. »Heilbronn schien mir weder für Erfahrungen, noch für meinen Exhibitionismus eine geeignete Bühne: ich wollte von dort weg, so rasch als irgend möglich«, erinnert sich der im März 1923 als Sohn österreichisch-schwäbischer Eltern geborene Asmodi heute. Als Schriftsteller bekannt machten ihn seine gesellschaftskritischen Komödien wie *Pardon wird nicht gegeben* (1958) oder *Nachsaison* (1959); später arbeitete er erfolgreich als Fernsehautor, und in den achtziger Jahren begann Klett-Cotta damit, seine Lyrik und Prosa zu veröffentlichen.

Herbert Asmodi

Asmodis Kontakte zu Heilbronn, wo er »zufällig geboren wurde« und wo 1977 sein Stück *Geld* aufgeführt wurde, sind spärlich; zum Lokalpoeten taugt er nicht: »Hin und wieder komme ich nicht umhin, Heilbronn auf ein Papier zu schreiben. Ich zucke dann jedes Mal ein bißchen zusammen, so als signierte ich einen ungedeckten Scheck. Für Heimatgefühle bin ich denkbar schlecht ausgestattet: ich habe diesbezüglich das Gemüt eines Metzgerhundes. Wenn überhaupt, würden sie sicher auf der Place des Vosges (beispielsweise) eher strudeln als auf dem Heilbronner Marktplatz. «

Heimatgefühle

Seine briefliche Absage an die (eigene) Vergangenheit gerät Asmodi zu einem Bravourstück galliger Prosa: »Ab und wann werde ich zu einem Treffen von ehemaligen Schulkameraden eingeladen. Ich gehe da nie hin. Der Weg allen Fleisches ist die Verwandlung hoffnungsvoller Jugend in die eigene Karikatur – man weiß das von sich selber. Warum sich dieses düstere Spektakel vor der Haustür anschauen?«

Knapp zweihundert Jahre zuvor schied ein Theaterkollege Asmodis zurückhaltender, aber nicht minder heftig von Heilbronn, nachdem er einen Monat dort zugebracht hatte. »Ich habe Heilbronn verlassen, wo es mir an aller häuslichen Bequemlichkeit fehlte, und für diesen großen Mangel zu wenig andre Entschädigung war«, schrieb *Friedrich Schiller* am 15. September 1793 an Georg Göschen, die ihm einst so attraktive Reichsstadt seit einer Woche hinter sich wissend.

Das beinahe 7000 Einwohner zählende Heilbronn erfreute sich während dieser Zeit eines beträchtlichen Wohlstandes und war – so Schiller in seinem ehrfürchtigen Begrüßungsschreiben an den Amtsbürgermeister – »unter dem Einfluß einer aufgeklärten Regierung und im Genuß einer anständigen Freiheit.« Daß die freie Reichsstadt weitere Konflikte mit dem sterbenskranken württembergischen *Herzog Carl Eugen* ausschloß, beförderte Schillers Absicht, »über den Winter« in Heilbronn zu residieren. Von mehreren Krankheiten geschwächt, gelangte er mit seiner hochschwangeren Frau über Jena, Nürnberg und Feuchtwangen schließlich am 8. *August 1793* nach Heilbronn, wo sein Vater den Empfang bestens vorbereitet hatte.

Eine erste Unterkunft bot der vornehme Gasthof *Sülmerstraße* » Sonne « in der Sülmerstraße, der in seiner Geschichte für zahlreiche prominente Besucher Quartier bereithielt. Noch ehe Goethe vier Jahre später hier abstieg, hatte der junge Wirt Karl Friedrich Heinrich mit großangelegten Umbauarbeiten begonnen, die nur schleppend vorangingen. » Ein schöner Gasthof und bequem, wenn er fertig sein wird. Man ist stark im Bauen begriffen«, urteilte Goethe nach seiner Ankunft und präzisierte diese Auffassung am darauffolgenden Tag: »... nur wird sich das Gasthaus zur Sonne durch einen Sprung, wenn es fertig ist, auszeichnen. Es ist ganz von Stein und im guten, wenn schon nicht im besten Geschmack, ohngefähr wie das Sarasinische auf dem Kornmarkt zu Frankfurt. Das Untergeschoß hat recht wohnbare Mezzaninen, darüber folgen noch zwei Geschosse. Die innere Einrichtung, so weit sie fertig ist, ist geschmackvoll, mit französischem Papier sehr artig ausgeziert.«

Gasthaus zur Sonne

Ohne sich von den Bauarbeiten stören zu lassen, ließ es sich Goethe in dieser Umgebung wohlergehen und nahm dort zusammen mit dem »Oberamtmann von Möckmühl und seinen Frauenzimmern« das Mittagsmahl ein, ehe ihn der Bruder des Wirts am Abend auf den Wartberg begleitete. Auch Ludwig Uhland, David Friedrich Strauß oder Achim von Arnim zählten später zu den Gästen der

Ludwig Uhland

Sülmer-Straße.

»Sonne«. Arnim unternahm von dort aus seinen Ausflug zu Justinus Kerner, dessen gesellige Runde den Gast nicht vor dem Morgengrauen nach Heilbronn zurückkehren ließ, so daß der Sonnenwirt im Zweifel blieb, ob Arnim »davongelaufen oder umgekommen sei.«

Friedrich Schiller strebte, bei allem Komfort, den der Gasthof bot, rasch nach einer Privatunterkunft, die er auch nach einer Woche im (1944 zerstörten) Haus Sülmerstraße 101 fand. Der wesentliche Grund seiner Reise nach Heilbronn lag in seiner angegriffenen Gesundheit; von *Eberhard Gmelin* Eberhard Gmelin, dem Therapeuten Lisette Kornachers, erhoffte sich Schiller Linderung. Gmelin, dessen Praxis sich ebenfalls in der Sülmerstraße befand, galt als engagierter Vertreter des Mesmerschen Magnetismus, der nicht allein in Medizinerkreisen Aufsehen erregte. Kerner erinnert sich in seiner Autobiographie an eine magnetische Behandlung, der er sich bei Gmelin unterzog: »Der Herr, der mich an der Hand hielt und ein Bekannter meines Vaters war, war der als Arzt und Magnetiseur damals sehr berühmte Hofrat Dr. Gmelin von Heilbronn. Er sah mich immer sehr mitleidsvoll und liebreich an, und ich faßte ein großes Vertrauen zu ihm ... Bei diesen Worten sah er mich inniger an und sagte dann leise zu mir: ›Ja, liebes Kind, auch du wurdest von Ärzten schon sehr gefoppt! Komm mit mir einmal, ich schütte dir keine Arznei ein.‹ Er führte mich nun eine Treppe empor in ein kleines Zimmerchen ... hieß mich auf einen Stuhl setzen, sah mir mit seinen schwarzen Augen fest ins Auge und fing mich mit seinen ausgereckten Händen vom Kopf bis in die Magengegend zu bestreichen an; er behauchte mir auch mehrmals die Herzgrube. Ich wurde ganz schläfrig und wußte endlich nichts mehr von mir.«

Schiller kam mit großen Erwartungen in Gmelins Sprechstunde und fand »einen sehr fidelen Patron und einen verständigen Arzt.« Obwohl sich nach und nach Schillers Gesundheitszustand besserte, verlor das Heilbronner Leben bald seinen anfänglichen Reiz. »Wissenschaftliches oder Kunstinteresse« finde sich »blutwenig«, und Charlotte Schiller resümierte das Unbehagen ihres Gemahls noch deutlicher: »Sie begreifen es wohl, wie peinlich es für einen eifrigen Philosophen ist, wenn alles um ihn herum so unphilosophisch ist.«

Charlotte Schiller

Die Stadt konnte den Dichter nicht mehr fesseln, und selbst ein Wiedersehen mit der Jugendfreundin Margarethe Schwan änderte daran nichts. Einen anregenden Gesprächspartner – von Gmelin abgesehen – fand Schiller dennoch: den Senator Christian Ludwig Schübler, der ihn als offizieller Gesandter der Stadt begrüßt hatte. Schüblers Beschäftigung mit der Astronomie fachte Schillers Neugierde an; beide trafen sich des öfteren zu längeren Gesprächen und harrten erwartungsvoll der Sonnenfinsternis vom 5. September 1793, von der »aber zu Heilbronn wegen trüber Witterung nichts« zu sehen war. Immerhin: Wohlmeinende wollen erkannt haben, daß Schiller sich von Schübler derart beeindrucken ließ, daß er ihn in der Figur des Astrologen Seni im *Wallenstein* verewigt habe – ein anspruchsvolles Hobby macht's möglich.

Senator Schübler

Seni

Genau einen Monat nach seiner Ankunft entschloß sich Schiller zur Abreise, überraschend, beinahe überstürzt, ohne seinen Arzt davon zu unterrichten: »Die Schwierigkeit, gut und angenehm zu wohnen (worauf ich jetzt, da ich fast immer zu Hause leben muß, am meisten zu sehen habe), hat mich veranlaßt, Heilbronn zu verlassen und Ludwigsburg zu meinem Wohnort zu machen, wo ich sehr gut logiert und meinen Verwandten und Freunden ungleich näher bin. Ich finde aus ebendem Grunde hier auch weit mehr Unterhaltung als in Heilbronn und verspreche mir einen leichten und erträglichen Winter.«

Ludwigsburg

Vom Gärtnerssohn zum Ehrenbürger: Ludwig Pfau

Vom Gasthof zur Sonne in der Sülmerstraße brauchte Goethe nur wenige Schritte zu tun, bis ihm ein markantes Haus auffiel: »Ein einziges Gebäude zeichnet sich aus, das durch die Bildsäule des Äskulaps und durch die Basreliefs von zwei Einhörnern sich als Apotheke ankündigt.« Keine Frage: Gemeint ist, an der Ecke zur Lohtorstraße, die einstige Neubauersche Apotheke, die noch heute das fabelhafte Einhorn im Namen führt.

Apotheke

Ein Stück weiter auf der Sülmerstraße – nun nicht mehr auf Goethes Wegen –, und man gelangt in eine Gegend, in der der neben Waiblinger wohl geläufigste Dichter Heilbronns seine Kindheit verbrachte. Vor dem Sülmertor – heute in der Nähe der Mannheimer Straße – erwarb Anfang der 1820er Jahre der Kunstgärtner Philipp Pfau ein beträchtliches Anwesen. Ohne je zu Reichtum zu gelangen, genoß er kein geringes Ansehen in seinem Beruf; war er doch – wie sich Theobald Kerner erinnert – »der einzige Gärtner in Heilbronn, welcher Gewächshäuser hatte.« Pfau führte die erste Teerose aus England ein und legte, zum Beispiel, den Schloßgarten des Grafen Neipperg an. Sein am 25. August 1821 geborener Sohn Ludwig hat dem Vater später ein Gedicht gewidmet, das die Atmosphäre der Jugend zurückzuholen versucht:

Mannheimer Straße

Da taucht mit deinem wohlbekannten Bilde
die Kinderzeit aus Rosen mir empor:
Es glänzt der Beete farbiges Gefilde,
das rote Haus blickt sonnenwarm empor.
Du führst mich an der Hand in ernster Milde
ans Ende meiner Welt, ans Gartentor –

Ludwig Pfau

Darüber rauschen mit den grünen Wogen
die zwei Kastanien, die du selbst gezogen.
O Jugendzeit! Wie glücklich im Entbehren.
In meiner Armut, ach, wie war ich reich!

Obgleich Ludwig das Gymnasium besuchen durfte, schien er anfänglich dem vom Vater vorgezeichneten Berufsweg folgen zu wollen. 1838 trat er in das elterliche Geschäft ein, und wenig später schickte man ihn als Volontär nach Corbeilles in die Pariser Banlieue. Doch als Pfau aus Frankreich zurückkehrte, hatten sich seine Interessen und Pläne verschoben. Kam er einst noch in Kerners Haus » als Frühlingsbote, indem er meinem Vater die erste Gurke aus dem väterlichen Frühbeet brachte « (Th. Kerner), so empfahl im September 1843 Justinus Kerner den 22jährigen Pfau als » guten, jungen Freund von mir und sehr lieben Menschen, dem es äußerst angelegen ist, die Klassiker zu studieren. Er war Gärtner, ist nun aber entschlossen – ich weiß eigentlich nicht, was zu werden. Gedichte machte er schon sehr brave. « Kerner behielt recht: Pfau begann, sich journalistisch und literarisch zu betätigen, und griff dabei auch auf Erfahrungen aus der väterlichen Gärtnerei zurück:

Lied des Gärtners

Der schönste Garten auf Erden
Der liegt in Liebchens Herz –
Dürft' ich dort Gärtner werden,
Vorbei wär aller Schmerz.

Wie wollt' ich die Hände regen
In meinem schönen Amt!
Wie wollt' ich hegen und pflegen
Die Blümlein allesamt!

Doch würd' ich nimmer binden
Die Zweige mancherlei,
Ich ließe sie in den Winden
Spielen und tanzen frei.

Die brennende Rose der Liebe
Pflegt' ich vor allem gut
Und nährte ihre Triebe
Mit meines Herzens Blut.

Die sollte mir knospen und glühen,
Des Gartens Trost und Licht!
Und Lilien müßten blühen
Ringsum und Vergißmeinnicht.

Bis daß die Sense des Todes
Durch alle Blümlein streift
Und blaues, weißes und rotes
In die dunkle Scheune schleift.

Dann lass' ich Lilien und Rosen
Und mache die Augen zu;
Dann geht auch der Gärtner im großen
Ewigen Garten zur Ruh.

Bekannt geblieben ist Pfau weniger wegen dieser nachro-
mantischen »Volkslieder« denn wegen seines leidenschaftlichen Engagements für die Revolution von 1848/ *Revolution von 1848*
49. Während sein Vater nach dem Bankrott der Gärtnerei
1849 nach Nordamerika auswanderte (wo er 1852 starb),
wurde sein Sohn, der sich rechtzeitig nach Paris geflüchtet
hatte, vom Schwurgericht Esslingen zu 21 Jahren Zuchthaus verurteilt. Erst 1863 – nachdem das Urteil verjährt
war – kehrte Pfau nach Stuttgart zurück. Geriet seine Lyrik zusehends in Vergessenheit, so blieben seine geschlif-

fenen Kunstkritiken geachtet. 1888 erschienen sie in einer
sechsbändigen Gesamtausgabe.

Ein Jahr zuvor wurde Pfau noch einmal der Prozeß gemacht, als sich das preußische Staatsministerium durch
ein Feuilleton beleidigt fühlte. Man verurteilte Pfau zu einer dreimonatigen Haft im Heilbronner Gefängnis, doch
freundliche Bürgerinnen richteten seine Zelle mit Blumen
und Polstermöbeln so behaglich ein, daß sich Pfau gegen
seine Entlassung sträubte. Seine letzten Lebensjahre verbrachte er in Stuttgart, zunehmend von Krankheit und
Einsamkeit geplagt. »Der Tod«, schrieb er 1887, »an sich
wäre ja nichts Schlimmes, wenn das verdammte Sterben
nicht wäre. Aber nun ist der Sinn schon seit längerer Zeit
in einem Zustand körperlicher Hoffnungslosigkeit und
geistigen Niedergangs, daß jeder nur sagt: Gottlob! daß er
erlöst ist.« Noch vor seinem Tode – 1894 – entschloß sich
seine Geburtsstadt im Juli 1891, ihren liberal-demokrati-
schen Sohn zum Ehrenbürger zu machen. Eine weise,
eine mutige Entscheidung, mit der die Stadt auch sich
selbst auszeichnete – und wer will, kann darauf noch heute
sein Glas erheben, vielleicht im kleinen Ludwig-Pfau-
Stüble in der Ludwig-Pfau-Straße.

Heilbronner
Gefängnis

Ehrenbürger

Ludwig-Pfau-Stüble

Ernst Siegfried Steffen

Ludwig Pfaus mehrmalige Verurteilungen hinderten die Stadtväter nicht daran, ihm die Ehrenbürgerschaft zu verleihen. Ein literarischer Nachfahre Pfaus, der seit seinen Jugendjahren beständig mit dem Gesetz in Konflikt geriet, durfte auf solche Würdigungen nicht rechnen: Ernst S. Steffen, der neben Herbert Asmodi wohl beachtetste Heilbronner Autor innerhalb der deutschen Nachkriegsliteratur. Steffens – heute verblaßter – Ruhm verbreitete sich erst 1969, ein Jahr vor seinem Tod, als im Luchterhand-Verlag der Gedichtband *Lebenslänglich auf Raten* erschien. Bis es zu dieser überraschenden Kehrtwende kam, verlief Steffens erschreckende Biographie als unaufhaltsame Stationenfolge, die ihn von der Erziehungs- in die Jugendstrafanstalt, vom Gefängnis ins Zuchthaus führte. In einer der vielen richterlichen Urteilsbegründungen, die Steffen zu hören bekam, heißt es: »Er weiß, was gut, was böse ist; er hat schon auf Grund seines Intellekts die Fähigkeiten, seinem Lebensschiff den rechten Kurs zu geben.« Was die Justiz in blumiger Metaphorik einforderte, glückte Steffen nie: Sein »Lebensschiff« gelangte zeitlebens nicht in ruhige Fahrwasser.

Am 15. Juni 1936 wurde er als Sohn einer Vertreterin und eines der Trunksucht verfallenen Musikanten geboren; bis zum zwölften Lebensjahr wohnte er bei den Eltern, ehe er – nachdem ihn der Vater krankenhausreif geschlagen hatte – in eine Pflegeanstalt verbracht wurde. 1950 kehrte Steffen nach Heilbronn zurück, doch weder als Lehrling bei einer Stahlbaufirma noch als Hilfsarbeiter in einer Schuhgroßhandlung faßte er Fuß. Was folgte, ist rasch berichtet: Wieder und wieder wurde er in Einbruchsdelikte oder

Zechbetrügereien verwickelt, für die er zuletzt, 1962, fünf Jahre Zuchthaus erhielt. Erst danach schien die Talfahrt zu Ende: Steffen, der mittlerweile wieder in seine Geburtsstadt zurückgekehrt war, volontierte – ein Glücksfall – *Südwestfunk* beim Saarländischen Rundfunk und beim Südwestfunk. Nach den erstaunlichen Rezensionen seines ersten Lyrikbändchens ließ er sich als freier Schriftsteller nieder; kurz darauf – am 10. Dezember 1970 – starb er an den Folgen eines Autounfalls.

Mag man Steffens Lebenslauf als Beleg für den Sinn und die Sinnlosigkeit modernen Strafvollzugs betrachten, so gründet die Anerkennung seines literarischen Werkes im Trend der späten sechziger Jahre, die sich mit Vorliebe für *Außenseiterdichtung* dokumentarisch-sozialkritische Außenseiterdichtung interessierten. Steffens Lyrik und seine 1971 postum veröffentlichte Prosa *Rattenjagd. Aufzeichnungen aus dem Zuchthaus* verstehen sich nicht als Literatur im herkömmlichen Sinne: »Dies hier ist keine Literatur und soll auch keine sein. Ich *spreche.* Aber weil ich nicht unmittelbar mit Euch sprechen kann, schreibe ich das Sprechen. Und weil ich in einer Zuchthauszelle spreche, bedeutet diese Sprache ausschließlich *Medium.* Deshalb geht es mir nicht darum, Literatur zu machen. Kapiert, Herr Kritiker?«

Steffens Bücher sind authentische, aufwühlende Dokumente aus dem Leben einer gesellschaftlichen Randfigur. Sie stehen nicht für »schöne«, für besinnliche Literatur, und so wundert es nicht, daß auch ihr Autor im kulturellen Heilbronn nicht wohlgelitten war. Seine Geburtsstadt *Wartesaal* blieb ihm ein »100000-Einwohner-Wartesaal, in dem die Barmherzigkeit heiße Würstchen offeriert und dann die Türen verriegelt.«

Im Bläßschen Palais

Zurück in die Sülmerstraße: Unweit der früheren Pfau-
schen Gärtnerei, beim heutigen Theater, stand einst – wie
Goethe notierte – »ein großes Gebäude, das ehemals ein
Waisenhaus war«: das Mitte des 18. Jahrhunderts erbaute
Bläßsche Palais. In seiner wechselvollen Geschichte diente
es zuerst als Waisen-, Zucht- und Arbeitshaus, ehe sich
1793 dort eine Essigsiederei niederließ. Zwischenzeitlich
als Militärhospital genutzt, war das Anwesen ab 1803 kur-
fürstliches, später königliches Palais und beherbergte so
im Vorfeld der Heiligen Allianz Kaiser Franz von Österreich. 1828 siedelte sich im Hause wieder die Bläßsche Es-
sig- und Bleiweißfabrik an.

*Kaiser Franz von
Österreich*

Zweiunddreißig Jahre später, im November 1860, wurde
der Nordflügel des ersten Stocks von einem Philosophen

Das ehmalige Königl: Palais.

David Friedrich Strauß

und Theologen bezogen, der mit Heilbronn – und Sontheim – in vielerlei Beziehung stand: David Friedrich
Strauß, ein »Widerspruchsgeist« (Sophie Schwab) und
»Teufel mit glacierten Handschuhen« (Clemens Bren-
tano), der Berühmtheit genoß durch sein 1835/36 erschie-
nenes (und bis heute bekanntes) Werk *Das Leben Jesu*. Die
biblischen Geschichten und theologischen Lehrmeinun-
gen kritisch analysierend, beschwor diese Studie offene
Konflikte mit der offiziellen Religionsaufassung herauf.
Obwohl das Buch ein bemerkenswerter verlegerischer
Erfolg wurde (vier Auflagen bis 1840), brachte es seinem
Verfasser kein Glück. Strauß verlor seine Anstellung am

Tübinger Stift und kehrte nie mehr in die akademischen Gefilde zurück. Welch angsteinflößender Ruf Strauß vorauseilte, zeigte sich 1842, als der heiratswillige Privatgelehrte eine Wohnung im Heilbronner Raum suchte. Vielen wackeren Vermietern erschien der kritische Kopf als allzu große Gefährdung ihres häuslichen Friedens: »Die Leute fürchten sich vor ihm und meinen, der Blitz schlage ihnen ins Haus.« (Justinus Kerner) Im Sommer 1842 wurden Strauß und seine zukünftige Frau dennoch fündig: in Sontheim, im ehemaligen Sommerhaus der Deutschordenskommentur Heilbronn. Am 30. August 1842 wurden Strauß und die Wiener Sängerin Agnese Schebest in der Horkheimer Dorfkirche getraut. Fraglos ein bemerkenswertes Paar, das noch heute die Regenbogenpresse anlokken würde: Ein streitbarer Theologe und Publizist ehelicht eine schöne, erfolgreiche Sängerin, die auf den großen europäischen Bühnen aufgetreten war. Sontheim und Heilbronn hatten ein unerschöpfliches Gesprächsthema gefunden, und auch aus dem literarischen Bekanntenkreis meldeten sich neugierige und überschwengliche Stimmen: Varnhagen pries Agnese Schebest als »die Katharina von Bora dieses Luthers unserer Tage«, und Kerner schrieb über sie: »Es ist eine sehr liebe, rechtschaffene Person, die wir wahrhaft verehren, und ich hoffe, sie werde auf Strauß' Inneres gut einwirken.«

Alles Hoffen sah sich getrogen. Ein gefeierter Bühnenstar, der sich plötzlich als Sontheimer Hausfrau wiederfand, und ein unleidiger Privatgelehrter – die leicht auszumalenden Konflikte stellten sich nach den ersten Ehemonaten ein. Das detailreiche Bild, das die Schriftstellerin Emma Niendorf, eine Freundin Kerners, vom Straußschen Hauswesen gezeichnet hat, ist – so anmutig es sich gibt – nicht ohne Verklärung: »Es war einer von jenen kristallhellen Herbstnachmittagen. Wir bogen um die

Mauern von Heilbronn. Sontheim liegt eine halbe Stunde davon. Durch Obstbäume glänzte der Neckarspiegel im frischen Wiesenland. Vor dem ersten Haus im Dörfchen, links, an der Straße nach Stuttgart, hielten wir; ein ehemaliges *Deutschordenshaus*, gelb, mit Läden wie ein Schlößchen. Eine Doppeltreppe mit eisernem Geländer führt zum Eingange. Dünne Säulen tragen eine Altane mit Blumen. Zwei nachgedunkelte Gemälde nehmen die Wände vom Korridor ein, griechische oder römische Szenen, sogar mythologisch, wenn ich nicht irre, aus der Zeit jener geistlichen Herren stammend. Durch die Hintertüre sieht man in helldunkle Akaziengänge, die sich in der Perspektive des Gartens zu einem Fernblick erweitern. Stattliche braune Treppen. Frohe Stimmen schallten uns entgegen. *Justinus Kerner*, der zuerst eintrat, ward umringt. In dem Saale mit der Decke von Stukkatur hatten sich Jugendfreunde von Strauß versammelt. Professoren aus Heilbronn mit ihren Gattinnen, ein traulicher Kreis, zu geistigem Leben harmlos verbunden... Zwischen den hohen Fenstern die Balkontüre, durch welche man, weil die Straße sich dicht unter dem Hause birgt, nur Wiesen sieht. Fluß und Gebirge. – Natureinsamkeit, nichts, was an die Mühen der Menschen erinnert. Links vom Salon das Zimmer der Hausfrau, mit zierlichem Arbeits- und Schreibtisch und dem Bilde ihrer Mutter, der Gattin eines österreichischen Offiziers, welcher früh starb. Das eine nach Norden zeigt ein vorzügliches Landschaftsbild; Heilbronn, dessen brauner gothischer Turm sich vom Rebengrün des Wartbergs hebt. Rechts schwingt sich der Bergsattel, welcher das Portal ins *Weinsberger Tal* bildet, zum nachbarlichen Dichterhaus, dessen Rebenschatten so viele Wanderer erquickt, zum Stilleben, das wie eine Wundermär am Fuß der Bergtrümmer blüht... Das Treiben der Neuvermählten, ihre heitere Sorge für die Gäste

Deutschordenshaus

Justinus Kerner

Weinsberger Tal

war in aller Einfachheit so anmutig. Es ist ihr Bedürfnis, alles eben so schön aus sich herauszugestalten als den Romeo und jede andere künstlerische Leistung. Immer und in allem trifft Agnese Schebest das Rechte. Ein Ebenmaß, ein Rhythmus ist in ihr, nach welchem sie sich bewegt, denkt, spricht – nicht bloß singt. Sie erscheint – nicht nur auf der Bühne, nein eben so jetzt in der Häuslichkeit, als eine Muse, den geringsten Dienst adelnd durch Schönheit, den freien Ausdruck der Liebe… Ich trat auf die Altane. Turmspitzen und Fenster der alten Reichsstadt funkelten. Über den Wiesen liegt traubenschwer Schloß Klingenberg, im Besitz des Grafen Neipperg. Rechts das Dörflein Böckingen. Im Hintergrund der Heuchelberg *Heuchelberg* mit seiner Warte, einem aufgehobenen Finger ähnlich. – Dr. Strauß sah frohverklärt aus. Lichte Haare und Augen – er trägt Brillen – geben dem feinen, fast regelmäßigen Gesichte etwas sehr Jugendliches. Die Weichheit in den angenehm, sonst etwas kalten Zügen, aus denen früher nur eine gewisse wehmütige Resignation sprach, rührt mich. Nur gute Menschen können so glücklich sein. Wie hing er mit Aug und Ohr an der Gattin, wenn sie sang. Seine Seele muß für den Geist der Schönheit sehr empfänglich sein. Wer warm lieben kann, der darf die Gemütswelt nicht verloren geben. Zwischen dieser und dem Forschergeiste zur Vermittlerin ist vielleicht eine echte Frauennatur bestimmt. Sie wird durch Liebe die Regen- *Regenbogenbrücke* bogenbrücke zum Himmel schlagen – die Liebe läßt ihre Kinder nicht abtrünnig werden. «

Die von Emma Niendorf besungene »Regenbogenbrücke« hielt nicht: Obwohl dem Paar 1843 und 1845 zwei Kinder geboren wurden, nahmen die Zerwürfnisse zu. Der ländlichen Abgeschiedenheit Sontheims entfliehend, übersiedelte man im Herbst 1843 nach Heilbronn in die Götzenturmstraße, ohne daß sich das eheliche Zusammenleben dadurch verändert hätte. Strauß flüchtete in die Zerstreuung und kehrte regelmäßig bei der sogenannten »Gräßlesgesellschaft« ein, die der Wirt David Gräßle gegenüber dem Kilianskirchenchor unterhielt. Umgeben von Freunden wie dem Apothekersohn Philipp Sicherer oder dem Papierreisenden Karl Künzel, suchte sich Strauß vom Ehemißgeschick abzulenken.

Einer seiner treuesten Freunde in dieser Runde war der Mathematiker und Komponist Ernst Friedrich Kauffmann, von dessen Reiseführer *Die Neckarfahrt von Heilbronn bis Heidelberg* bereits die Rede war. Der 1803 in Ludwigsburg geborene Kauffmann, der »saft- und talentstrotzende Göttersohn« (Strauß), verstrickte sich wiederholt in revolutionäre Umtriebe, ehe er sich, nach einer Festungshaft auf dem Hohenasperg, 1842 als Reallehrer im – wie er einmal schrieb – »wurst- und fleischgespickten Heilbronn« niederließ. Kauffmann, der bei Straußens Trauung die Orgel bedient hatte, und seine Freunde aus der »Gräßlesgesellschaft« konnten nicht verhindern, daß die zerrüttete Ehe in die Brüche ging. Seit 1846 konkretisierten sich die Scheidungsabsichten, doch ein Streit um Agnese Schebests Versorgungsansprüche ließ keine rasche Einigung zu. Der »Philisterkönig« Strauß, wie ihn Friedrich Nietzsche verspottete, mehrte sein Ansehen in dieser Auseinandersetzung nicht. Kerner, den die geplagte Sängerin um Rat angegangen war, urteilte im Januar 1847: »Es ist entsetzlich, wie die arme Frau mißhandelt wird. Ich glaube zwar, daß sie ihn durch Eifersucht manchmal quälte, allein das ist kein Scheidungsgrund, und nun will er sie mit jährlich fünfhundert Gulden abspeisen und die Kinder behalten.« So erlebte Heilbronn einen deftigen Skandal, bis es 1848 endlich zur Scheidung kam. Während Agnese und die Kinder noch kurze Zeit in der Stadt verharrten, zog es Strauß eilends fort. Das

»Gräßlesgesellschaft«

Ernst Friedrich Kauffmann

Scheidungsgrund

»Heimweh nach den Heilbronner Weinbergen«, das ihn anfänglich noch überfiel, kurierte er mit gelegentlichen Besuchen bei den alten Freunden: »Ich war vergangene Woche in Heilbronn, wohnte bei Sicherer, speiste alle Tage im Karlszimmer... Sah alle Freunde wieder... *Karlszimmer* trank in allbekannten Kneipen, vor allem bei Gräßle, verschiedene Schoppen.«

Als Strauß wenig später – gemäß einer vertraglichen Vereinbarung mit seiner Frau – die Betreuung der Kinder übernahm, machte es der schulische Weg seines Sohnes notwendig, im Jahre 1860 an den Neckar zurückzukehren und sich, wie erwähnt, im Bläßschen Palais einzuquartieren. Noch einmal, gut vier Jahre lang, lebte der unverändert renommierte Schriftsteller und Gelehrte in Heilbronn, wenngleich er sich zuerst schwertat, mit den neuen Lebensbedingungen zurechtzukommen. »Stadt und Land sprechen mich nicht an«, klagte er bald, und überdies: »Selbst über Politik ist hier zu Lande kein vernünftiges Wort anzubringen; es ist alles binnenländisch versumpft und versauert.« Allmählich erst gelang ihm eine Einbindung in das städtische Leben, begünstigt durch die Reize der Landschaft: »Insbesondere ist mir der Spaziergang auf den ›Damm‹, wohin ich sehr nahe habe, *Spaziergang auf den ›Damm‹* sehr lieb geworden. Hier fährt kein Wagen, gehen nur wenig Menschen; man wandelt auf schmaler, erhöhter Kante, zwischen Wiesen und Feldern, links der Fluß, rechts die Hügelreihe, die der Wartberg eröffnet, ein Weg, gemacht zur ruhigen Meditation.«

Als Strauß' Sohn 1864 die Gymnasialzeit abschloß und sich die Tochter in Heilbronn verheiratete, brach der Vater seine Zelte wieder ab. Ab und an kehrte er als Besucher nach Heilbronn ins »damalige Eisenbahnhotel, das *Eisenbahnhotel* spätere Neckarhotel« zurück, ehe er 1874 in Ludwigsburg an einem Krebsleiden starb.

Otto Rombach

Otto Rombach in Böckingen

Der Bibelkritiker David Friedrich Strauß hat dem heute längst zu Heilbronn gehörigen Sontheim einen festen Platz in den heimischen Literaturannalen eingeräumt. Kurz bevor die Eheleute Strauß-Schebest ihr Deutschordenshäuschen bezogen, hatte ein anderer (Freizeit-)Poet sein Sontheimer Domizil bereits wieder aufgegeben: der Mundartdichter Heinrich Jakob Hoser (1777–1851), ein *Heinrich Jakob Hoser* Nordheimer Pfarrerssohn. Nach einer juristischen Ausbildung hatte sich Hoser um die Jahrhundertwende als Rechtsanwalt in Heilbronn niedergelassen, und 1834 baute er sich in Sontheim ein Wohnhaus – die spätere Wirtschaft »Zur schönen Aussicht«. Sechs Jahre verbrachte er dort, bis es ihn wieder nach Heilbronn zurückzog. Wenn auch nicht zu Ruhm, so doch zu lokaler Anerkennung hatte es der Schriftsteller Hoser in den zwanziger Jahren gebracht. Seine biedermeierlichen *Lieder in schwäbischer Volkssprache* (1823) singen in schwäbisch-fränkischem Mischdialekt von »Liebe, Freimut und Bürgertugend, Deutschtum und Vaterland« (Rudolf Krauß).

Was den Sontheimern Strauß oder Hoser sein mögen, ist den Böckingern fraglos Otto Rombach. Obwohl auch *Otto Rombach* Bietigheim, wo Rombach jahrzehntelang lebte und wo er 1984 starb, den Schriftsteller für sich reklamiert, darf Böckingen ihn guten Gewissens als den Seinen betrachten. Am 22. Juli 1904 wurde er als Sohn eines Dekorationsmalers hier geboren, und in zahlreichen Schriften, die sich mit Schwaben und dem Unterland beschäftigen, hat er sich zu seinen Böckinger Ursprüngen bekannt. Von den Reiseessays, die Rombach immer wieder nach Frankreich führten, abgesehen, ist sein Werk vor allem durch die historischen Romane *Adrian der Tulpendieb* oder *Der junge Herr Alexius* bekannt geworden. Mag er damit auch kaum zu den herausragenden Autoren des 20. Jahrhunderts zählen, so ist sein am Ende der Weimarer Republik mit Gedichten einsetzendes Oeuvre als Ganzes durchaus beachtlich.

1974 ehrte der Heilbronner Gemeinderat Otto Rombach und seinen Bruder, den Maler Hermann Rombach, auf besondere Weise: Im kurz darauf eingeweihten Böckinger Bürgerhaus benannte man zwei Räume nach den beiden Künstlerbrüdern. In seiner *Böckinger Heimkehr* überschriebenen Festansprache hat sich Rombach mit eindrücklichen Reminiszenzen aus seiner Jugend bedankt: »Eingekehrt bin ich von Jugend an gern und oft am Böckinger See, der mit seinen Erlen, Weiden und Pappeln auf mich wie ein arkadischer Hain mit eigentümlichem Zauber gewirkt hat, wo aus dem Wasser Undinen auftauchen könnten, nachts, zum Spiel unter Bäumen. Aber natürlich hat es mir auch der riesige, uralte Hecht angetan, der wohl in jenem Altgewässer eingekesselt blieb, seitdem der Fluvius Nicer, unser Neckar, zu einem anderen Lauf gezwungen worden war, ein Thema für die Märchensammler Brüder Grimm. Dazu gehörte für mich, den märchengläubigen Knaben, der besondere Reiz, daß man uns Böckinger ›Seeräuber‹ nannte, was mancher Böckinger, als werde er ständig verkannt, wohl wie ein Trauma mit sich trug. Ich nicht. Im Gegenteil. Eigentlich war ich irgendwie stolz drauf.

Von Böckingen aus habe ich, wenn wir Schulvakanz hatten, mit meinem Reinhardts-Onkel, dessen Tenor ich bei Schubert- und anderen Liedern am Klavier begleiten durfte, Exkursionen zu literarischen Zielen gemacht, einmal zu Fuß nach Weinsberg ins Dichterhaus und auf die Weibertreu oder frühmorgens im Funken sprühenden

Bähnle durch das Schozach- und Bottwartal auf die Schil-
lerhöhe nach Marbach, wo ich mich eifrig über die Vitrinen beugte, nicht ahnend, daß ich später einmal dort, zum
50jährigen Bestehen des Schiller-National-Museums, die
Festansprache halten würde. Oder ich hatte bei solch einem wißbegierigen Ausflug nach Wimpfen zum ersten
Mal die kurzen, romanischen Säulenbögen und Buckel-
quader aus der Stauferzeit gesehen, ein Jugendeindruck,
der sich, viel später, vor den Stauferkastellen in Apulien
und Sizilien zur nötigen geschichtlichen Zusammenschau
ergänzt hat. Darin ergab sich ja außerdem manches Beispiel dafür, wie unsere heimatlichen Neckarauen immer
schon ein vielbegangenes Wegkreuz und Durchzugstal
gewesen sind, bedenkt man allein jenen fantastischen
Heerzug von Friedrich II … Möglicherweise haben damals auch Böckinger staunend am Wegrand gestanden,
ergebene, arme Untertanen vom Dorf, die meistens
Weingärtner waren und Bauern, daneben Schmiede,
Maurer und viele Schreiner, lauter rechtschaffene Bür-
gersleute, wie sie auch in der Geschlechterreihe meiner
Böckinger Mutterfamilie erscheinen … Unser Gloze-
Bas, ein kleines, altes Fraule, hat für uns Kinder immer die
größten Brestling und schönsten Äpfel und Nüsse gehabt,
dazu ihr gutes Gesicht, das in der abwartenden Böckinger
Art auch ernst und streng sein konnte. Nur selten hat aus
dieser Großfamilie einer in einen weiteren Umkreis hin-
ausgewirkt, und sicher war es auch ungewöhnlich, als der
ortsfremde, lebensfröhliche Maler, unser Vater, der aus
dem Schwarzwald stammte und der mit Lust auf seiner
Querflöte tirilierte, immer öfter durch die Neckarwiesen
mit ihren Pappelreihen kam und bald die zarte Bertha
Häusser zur Frau genommen hat, die beste aller Mütter.
Wie beim Brautraub der Sabinerinnen war sich unser Vater vorgekommen, der noch mit 90 Jahren die römische

Geschichte wieder las. Denn die Böckinger hielten in ihren Familien zusammen, nicht nur in der berühmten Fußball-Elf bei ihren Kämpfen um die Süddeutsche Meisterschaft, als die gesamte Sportwelt vom Namen Böckingen gepackt war. Noch sehe ich die Bilder ihrer Mannen in der berühmten ›Berliner Illustrierten‹ vor mir.

Damals wurden in Böckingen noch in vielen Häusern Zigarren von Hand gewickelt. Draußen, in den Lehmgruben, brannte man Ziegel. Man lebte im Dorf wie seit jeher, aber stets mit dem Schicksal der reichen Reichsstadt verbunden. Denn die Böckinger haben, wenn hier die Schweden oder Wallensteiner, Franzosen oder Pfälzer gegen die hoch ummauerte Stadt anrückten, ihretwegen manche Bedrängnis aushalten müssen, die untergründig allen Späteren bewußt blieb.«

Ein Böckinger zu sein – das war seit alters etwas Besonderes, und so hatte der Reisende Karl Julius Weber vielleicht recht, als er vermutete, die Redensart »Er weiß, wo der Barthel den Most holt« verdanke ihre Entstehung dem Böckinger Schultheiß Barthel, der sich an den Mostfässern seiner Nachbarn bedient habe . . .

Fußball-Elf

Schultheiß Barthel

Zum Jägerhaus

Kehren wir von den Exkursionen nach Sontheim und
Böckingen zurück zum einstigen Bläßschen Palais, wo
David Friedrich Strauß die letzten seiner wechselvollen
Unterländer Jahre verbrachte.
Marktplatz und Sülmerstraße – das sind sicherlich die
Zentren des literarischen Lebens in der Heilbronner Ge-
schichte gewesen. Doch die Bewohner und die Besucher
zog es hinaus vor die Tore, hinaus zu den seit alters ge-
rühmten Ausflugszielen. »Ausruhen in der Allee, dem *Allee*
nachtigallenreichen Stadtgraben«, dies genügte bereits

Vor dem Jägerhaus

dem jungen Uhland nicht mehr, als er seinen Freund, den Lyriker und Juristen Karl Mayer, besuchte. 1808 hatte sich dieser als Advokat in Heilbronn niedergelassen und gab – neun Jahre lang – Uhland immer wieder Anlaß, einen kurzen Abstecher nach Heilbronn zu unternehmen, insbesondere wenn die Tage des weinseligen Herbstes näherrückten.

Uhland hat diese Reiseeindrücke der Nachwelt in einem Tagebuch überliefert, das in knappen, oft witzigen Stichworten das ihm Wesentliche zusammenfaßt. Dazu zählen nicht selten die flüchtigen Begegnungen mit allerhand Damen, sei es in Lauffen, wo ihm beim Mittagessen »das hübsche blonde Wirtsmädchen in Erinnerung bleibt«, sei es in Weinsberg, dessen Besuch das Tagebuch in raffinierter Doppeldeutigkeit festhält: »Besteigung der Weibertreu im Regen, verbotene Trauben, die Weinsberger Mädchen, die sich in das Weinberghaus flüchten wollten.«

Weinsberger Mädchen

Wenn es Uhland ungeachtet solcher Versuchungen geglückt war, zu Mayer und seinen Kumpanen zu gelangen, so machte sich die Gesellschaft meist zu neuen Ausflügen und Spaziergängen auf. Am 11. Oktober 1811 beispielsweise zog man nach Wimpfen: »Besteigung des blauen Turms, wie der Türmer, der uns grade von seinem musikalischen Treiben erzählte, abgerufen wurde, um einer kranken Sau beizustehen, sein Unwillen darüber.« Und bereits am nächsten Tag ging es in das »dunkle Waldtal Köpfer«, einer Hinrichtungsstätte, der Uhland ein Gedicht widmete:

Wimpfen

Waldtal Köpfer

Der Köpfer

Du dunkles Tal, fern abgelegen,
Wo kühle Bäche niedergehn,
Hier junge Stämme sich bewegen,
Dort alte Rieseneichen stehn!

Verliebte Pärchen, unbelauschet,
Sie gehn in deine Wildnis ein,
Und wenn ein ferner Fußtritt rauschet,.
Deckt wie mit Wolken sie der Hain.

Ruhbänke, halberbaute Zellen,
Altäre werden hier geschaut,
Denn an den trauten Waldesstellen
Hätt mancher gern sich angebaut.

Wohl toben jetzt die rauhen Winde,
Und nächtlich rauscht die Regenflut,
Derweil in euch, ihr stillen Gründe,
Noch träumend meine Seele ruht.

Im Köpfer.

Steindr. v. Geb. Wolff in Illbronn.

Ludwig Uhland

Andere Wege führten Uhland auf den »Berg beim Trap-
pensee« oder, ein Stück höher hinaus, zum Jägerhaus, das
sich als »Prater der Heilbronner« (Karl Julius Weber)
Ende des 18. Jahrhunderts in einen Anziehungspunkt für
Tanz- und Vergnügungslustige verwandelt hatte. Dem
»sehr besuchten, von schönen Waldpartien umgebenen
Jägerhaus Jägerhaus« mit »besonders ergiebiger Schnepfenjagd«
(Kauffmann) galten mehrfach Uhlands Wanderungen.
Karl Mayer Begleitet von Karl Mayer, der – so Uhland – »wie ein
Mops« gehe, vergnügte man sich dort bei mancherlei

Lustbarkeiten. Eines dieser Amüsements hat Mayer festgehalten: Man begab sich zu einer »gesellschaftlichen Partie auf das Heilbronner Jägerhaus, wobei ich der Gesellschaft dadurch Spaß gemacht, daß ich einige kolossale Ka-
rikaturen mit Kohle an die glatten Wände der in der Nähe
befindlichen großen Steinbrüche gezeichnet habe.«
Niemand hätte es sich zu Zeiten der harmlosen Vergnü-
gungen im Uhlandschen Freundeskreis vorstellen können, aus welchem Anlaß sich gut hundertfünfzig Jahre
später wieder Schriftsteller unweit des Jägerhaus zusam-
menfinden würden. Im Dezember 1983 und 1985 trafen
sich namhafte Gegenwartskünstler, darunter Günter
Grass, Peter Härtling, Luise Rinser und Tankred Dorst,
im Heilbronner Stadtwald, auf der idyllisch benannten
Waldheide, um gegen die dortige Raketenstationierung   *Waldheide*
Widerstand zu leisten. Das Gesicht der Landschaft oberhalb des Jägerhauses war schon lange zuvor entstellt worden; der Berliner Architekt Julius Posener, einer der Teil-
nehmer der beiden Heilbronner Begegnungen, hat seine
Eindrücke aufnotiert: »Und im Walde hörte dann auch die
Busfahrt vom Flughafen auf; vor Heilbronn. Auf der
Waldheide gibt es eine Unterkunft dicht genug an der Ra-   *Raketenstellung*
ketenstellung, die gerade darüber liegt, auf einem kahlen
oder kahl geschlagenen Gipfel; und ich sage meinen
Freunden, daß sie die Reise auch machen müssen; denn
Unheimlicheres ist nicht zu sehen in Deutschland: Große
grüne Mauern, davor fünf Zäune, elektrisch geladen, mit
Stacheldrahtschlingen oben drauf, dahinter Netze, wer
weiß, was da verdeckt wird. Alle zwanzig Meter ein run-
des Schild wie eine große Schießscheibe: US Army. Keep
off. Use of deadly power is authorized – auf Deutsch: von
der Schußwaffe wird Gebrauch gemacht.«
Daß die Stadt deswegen zu einem Schriftstellertreffpunkt
wurde, ist kein Ruhmesblatt ihrer Chronik.

Wallfahrt auf den Wartberg

Ohne die zweifelhafte Nachbarschaft militärischer Stütz-
punkte erfreut sich der Wartberg bis heute ungebrochener
Beliebtheit als Ausflugsort, der »verdient von jedem
Freund der schönen Natur bestiegen zu werden.« (Karl
Julius Weber) Ernst Friedrich Kauffmann hat 1842 den
Weg vom Jägerhaus dorthin beschrieben: »Wir gelangen
auf einem schattigen Fußpfad über den Rücken des Berges
hin auf den gepriesenen Wartberg, der das Ganze be-
herrscht.«

Ob auf dieser Route oder von der Altstadt herauf: Der
Wartberg und sein Turm zählen seit je zu den Zielen der
literarischen und der unliterarischen Stadtbesucher. Als
»Grenzwächter des herrlichen Tales« (Kauffmann) oder
als »Merkzeichen der Heilbronner Gegend« (Bergen-
Löwensteiner Berge   gruen) pries man diesen Ausläufer der Löwensteiner
Berge. Selbst den kränklichen Friedrich Schiller zog es, an
der Seite des Senators Schübler, auf die »grüne Höhe«
(Dingelstedt), und Ludwig Uhland ließ es sich bei kaum
einem seiner Besuche nehmen, den Turm geschwind zu
Wartturm   besteigen: »Abends auf dem Wartturm, trüber Himmel
nach lang angedauerter Heiterkeit; trübsinnig gerührte
Stimmung. Aussichten vom Wartberg; die Hochzeit;
wunderbarer Abendhimmel« – »Später Gang auf den
Wartturm allein, die vielen geputzten Leute, die wie zu
einer Wallfahrt hinaufzogen, schöner violett-goldener
Abendhimmel.« So liebreizend der Aufstieg an diesem
Abend gewesen sein mag, den Ausklang dieses Tages behielt Uhland in weniger angenehmer Erinnerung: »Aben-
teuer mit der Polizei, die mich und Schickhardt wegen
fehlender Laterne anhielt, der ich entwischte, aber in einer

Sackgasse, mich wieder stellte.« Dennoch ließ die Wallfahrt auf den Wartberg den flüchtenden Uhland nicht los,
und so schrieb er später an Mayer: »Ich bin im Traum
zuweilen auf dem Heilbronner Turm.«

Das »Traumhafte« des Wartbergs verdankt sich, bis
heute, dem Ausblick, der weit ins Land hineinreicht und
der es früher ermöglichte, drohende Gefahren beizeiten zu
erkennen. Während es heutzutage ratsam ist, das Auge
rasch über die monumentalen Industrieanlagen im Nord-
westen eilen zu lassen, konnte der beschauliche Gast ver-
gangener Tage auch dort in Ruhe verweilen. Hören wir
zuerst Johann Wolfgang Goethe, der sich am zweiten Tag _Goethe_
seines Aufenthaltes »abends um sechs Uhr« vom Bruder
des Sonnenwirts auf den Berg begleiten ließ: »Es ist, weil
Heilbronn in der Tiefe liegt, eigentlich die Warte und anstatt eines Hauptturmes für dasselbe. Die eigentliche Einrichtung oben aber ist eine Glocke, wodurch den Acker-
leuten und besonders Weingärtnern ihre Feierstunde an-
gekündigt wird. Er liegt ohngefähr eine halbe Stunde von
der Stadt auf einer mit buschigem Holz oben bewachse-
nen Höhe, an deren Fuß Weinberge sich hinunterziehen.
Vorwärts des Turms ist ein artiges Gebäude mit einem
großen Saale und einigen Nebenzimmern, wo die Woche
einigemal getanzt wird. Wir fanden eben die Sonne als
eine blutrote Scheibe in einem wahren Sciroccoduft rechts _Sciroccoduft_
von Wimpfen untergehen. Der Neckar schlängelt sich
sanft durch die Gegend, die von beiden Seiten des Flusses
sanft aufsteigt. Heilbronn liegt am Flusse, und das Erd-
reich erhöht sich nach und nach bis gegen die Hügel in
Norden und Nordosten.«

Goethes freundliche Notiz über den Wartberg hat die Ver-
ehrer (von Berg und Dichter) nicht ruhen lassen. Als gelte
es, die Irrungen um Götz von Berlichingen oder Lisette
Kornacher zu überbieten, sah es 1973 ein heimatge-

Osterspaziergang

schichtlicher Aufsatz als erwiesen an, daß Heilbronn und sein Hausberg Goethe als Vorlage für den Osterspaziergang im *Faust* gedient hätten. Wie schön wäre dies gewesen, doch leider schwanken die Argumente des Traktates philologisch auf tönernen Füßen. Einige mehr oder minder zufällige Wortberührungen reichen kaum aus, Goethes Verse ins Unterland zu verpflanzen – mit Faust auf dem Wartberg, das ist, leider, nicht einmal Stoff für literarische Legenden.

Weitaus euphorischer noch als Goethe erinnerte sich der »poetische Vesuv« (Gottfried August Bürger) Christian Friedrich Daniel Schubart an seinen Aufenthalt in Heilbronn. In seiner Autobiographie, die er während einer

Schubart

Christian Friedrich Daniel Schubart

Asperger Haft aufsetzte, verklärt sich Heilbronns »herrliche Lage« zu einem wahrhaft irdischen Paradies, das Schubart im Sommer 1773 während einer stationenreichen Reise kennenlernte. »Daß sich die Fremden mit Herzenslust in Heilbronn weiden«, duldet für ihn keinen Zweifel, obschon er sich am Ende seiner Aufzeichnungen genötigt sieht, eine Einschränkung anzubringen: »Wer Gold hat und zwanglos und gut und schön in Deutschland leben möchte, dem wollt' ich Heilbronn anraten.« Schubart hatte das Glück, in einer blühenden Reichsstadt Halt gemacht zu haben. Daß deren Ruhm zu Recht bestand, hat der »hohenlohische Voltaire« Karl Julius Weber in seinen Reisebriefen ausgeführt: »Heilbronns größter Ruhm liegt in der Vergangenheit. Sie war die geordnetste aller Reichsstädte und hatte, statt Schulden, Kapitalien, obgleich ihr Gebiet nur aus vier Dörfern bestand, während ihre tiefverschuldete Schwester Hall vier große Landämter und ein Salzwerk besaß. Im Winter war stets viel Landadel hier – verschiedene Werbungen – das gesellige Leben war weniger steif als in anderen Reichsstädten von weit größerer Bedeutung – es war in der Tat weit heller – aber die guten Heilbronner, denen man dieses zu oft vorgesagt haben mochte, fielen nun in ein anderes Extrem – sie wähnten nun wirkliche Großstädter zu sein!« Schubart, dem gebürtigen Obersontheimer, gelang es rasch, die Honoratioren auf sich aufmerksam zu machen; bei den »hier üblichen großen Speisegesellschaften, häufigen Privatkonzerten, Spazierfahrten und Spaziergängen aufs Land, Hausbesuchen, Unterredungen über tausend Gegenstände in freiestem Tone« knüpfte er zahlreiche Kontakte zu einflußreichen Bürgern, die sich insbesondere für den Musiker und Komponisten interessierten. Zu Schubarts musikalischen Zöglingen zählte auch der junge 1755 in Heilbronn geborene Otto von Gemmingen-

Karl Julius Weber

Otto von Gemmingen-Hornberg

Hornberg, der später als Dramatiker (*Der deutsche Hausvater*) und Diplomat von sich reden machte.

Ehe sich Schubart schließlich anschickte, zu neuen Zielen aufzubrechen, versäumte er es nicht, sich nochmals die Schönheit, »den ganzen Zauber der Gegend tief in die Seele« zu drücken: »Ich bestieg noch einmal mit meinen lieben Freunden den Wartturm. Die Aussicht vom Wartturm herab, wo der Blick über Städte, Dörfer, Wälder, freie Gebirge gleich himmelblauem Gürtel, Gärten, Traubenberge, Wiesen, Äcker, Ströme, Weiher, alles von Menschen, Tieren, Vögeln und Fischen wimmelnd, hingleitet, ist nächst dem Donautale gewiß der herrlichste Anblick in ganz Deutschland.«

Zauber der Gegend

Daß der Wartberg nicht allein zum Tummelplatz der Künstler und Ästheten wurde, hat seine Ursache in den bereits von Goethe erwähnten Tanzveranstaltungen, die auch manchen dem Fußmarsch Abgeneigten auf die Höhe

Auf dem Wartberg

wandern ließ. Möglich wurde dieses Pläsier erst Mitte des 18. Jahrhunderts, nachdem Philipp Jakob Nast sich als Warttürmer verdingt hatte. Wie sein Kollege auf dem Jägerhaus verstand es Nast bald, sich dadurch Nebeneinkünfte zu verschaffen, daß er an die Turmbesucher Getränke ausschenkte. Da sich bis dahin nur eine bescheidene Hütte auf dem Berg befand, erhielt Nast 1764 die Erlaubnis, eine Unterkunft für seine Gäste zu errichten.

Philipp Jakob Nast

So war das Vergnügen nicht mehr aufzuhalten: Fern der städtischen Obrigkeit traf man sich zu vielgerühmten Tanzabenden, seit 1792 überdies in einem großzügigen, von der Stadt errichteten Haus: »In der Nähe des Turmes ist ein Wirtschaftsgebäude, dessen geräumiger Saal fast an jedem Feiertage, besonders aber in den Tagen der weit und breit berühmten Heilbronner Weinlese von lustigen Tanzmelodien widertönt. « (Kauffmann)

Tanzmelodien

Philipp Jakob Nast, der erste Wartbergwirt, mehrte die Attraktion seiner Lokalität, indem er Tiere abrichtete und sie zur Schau stellte. Aus dem Jahre 1779 ist überliefert, daß Nast »seinen Hirsch hinter der Mauer bei des Stadtschreibers Haus vorbeigeführt in der Absicht, solchen in sein Wirtshaus (in der Biedermanngasse)« zu bringen.

Biedermanngasse

Das unselige Tier jedoch hatte andere Absichten: Es warf einen vorübergehenden Stadtknecht zu Boden und verletzte ihn mit heftigen Stößen, woraufhin der Rat der Stadt es Nast zur Auflage machte, »seinen Hirsch in sichere Verwahrung zu bringen. « Justinus Kerner schließlich machte den Wirt und »berühmten Jäger« in seinem *Bilderbuch* zu einer unvergeßlichen literarischen Gestalt: »Nast hatte einen Hirsch zum Reiten und zu anderen Künsten abgerichtet, einen Hasen die Trommel zu schlagen und einen Esel wahrzusagen gelehrt. « Als Kerner überdies davon hörte, Nast habe auf der Frankfurter Messe einen haarlos gewordenen Gaul als amerikanisches Nilpferd angepriesen, zog es ihn und den Kutscher Matthias unweigerlich zu jenem wundersamen Ort, an dem sich Tänzer und trommelnde Hasen ein Stelldichein gaben: »Während wir den weinbekränzten Berg hinanstiegen, begegneten uns viele schöngeputzte Damen und Herren, man sagte uns, es sei der Wochentag, an welchem auf diesem Berge große Konversation und Tanzbelustigung in dem weiten Saale des obenstehenden Gebäudes stattfinde. Als wir in den Saal traten, fanden wir ihn auch von Tanzenden erfüllt. Auf einmal stand alles still; eine hohe Mannsgestalt, den Leib nachlässig und malerisch nur mit einem Tuch umschlungen auch das Haupt zur Hälfte in ein Tuch gehüllt, war eingetreten. Dieser Mann war ein Wahnsinniger, wie man mir in späterer Zeit erklärte, man hieß ihn den ›Salzburger‹, auch den ›Josephle‹ ... Alles hielt zu tanzen inne, er aber hatte sich einem sehr lieblich scheinenden Mädchen in blauem Kleide genähert, soll still vor sich hingesagt haben: ›Ja! ja! ein solches Kleid trug sie!‹, bot ihr den Arm zum Tanze, sie sträubte sich nicht, man kannte ihn schon, da tanzte er mit ihr voll Grazie und Rhythmus, während die ganze Gesellschaft das Paar umstand, ein paarmal auf und nieder, führte sie zur Mutter, von der er sie genommen, Dank murmelnd, und verschwand dann wieder so unerwartet und schnell aus dem Saale, als er hereingekommen war. « Wiewohl Nast sich 1796 als Wirt zurückzog, ist es vielleicht der von ihm geschaffenen Atmosphäre zu danken, daß es sich der Berg sogar zugute halten darf, das Eheglück eines Dichters gestiftet zu haben. Karl Mayer, der

Gefährte Uhlands und Mörikes, lernte seine Frau Friederike dort kennen: »Wenngleich nicht selbst Tänzer, hatte ich doch Gelegenheit, sie aus dem Tanzsaal an das damals noch hoch auflodernde (bald freilich für lang erstickte)

Oktoberfeuer hinauszuführen, hegte aber schon damals

L.H.Lill

ROTTWEIL a/N.

Robert Oechsler – der literarische Chronist

ein anderes schnell entzündetes Feuer in meinem Herzen, das auch in ihr Herz sich mitteilte. «

Der verschwimmende Fernblick, die verlockenden Tanzvergnügen und die lodernden (Liebes-)Feuer – damit sind die Besonderheiten des Wartbergs noch nicht erschöpft. Eine – längst nicht mehr zu bestaunende – Merkwürdigkeit vor allem verblüffte die fremden Spaziergänger in besonderem Maße, Goethe etwa: » Oben bei Erzählung von der Warte habe ich einer artigen alten Einrichtung zu erwähnen vergessen. Oben auf dem Turm steht ein hohler,

Knopf mit Kupferblech beschlagner, großer Knopf, der zwölf bis sechzehn Personen zur Not fassen könnte. Diesen konnte man ehemals mannshoch in die Höhe winden und ebenso wieder unmittelbar auf das Dach herablassen. Solang der Knopf in der Höhe stand, mußten die Arbeiter ihr Tagewerk verrichten; sobald er niedergelassen ward, war Mittagsruhe oder Feierabend. Seiner Größe nach konnte man ihn überall erkennen, und dieses dauernde sichtbare Zeichen ist sicherer als das Zeichen der Glocke, das doch

Denkmal alter verhört werden kann. Schade, daß dieses Denkmal alter
Sinnlichkeit Sinnlichkeit außer Gebrauch gekommen ist. «

Ob er nun wahrhaftig bis zu » sechzehn Personen« oder nur » sieben Schneidern«, wie Kerner mußmaßte, Platz bot, sei dahingestellt – in jedem Fall galt der Turmknopf als Wahrzeichen des Berges, auch wenn er nach und nach seiner Ämter enthoben wurde. Doch glücklicherweise nahm sich ein Schriftsteller des nutzlos gewordenen Gegenstandes an und verewigte ihn: 1893 veröffentlichte Robert Oechsler, selbst ein Berichterstatter des literarischen Lebens der Stadt, seine »neumodische Reimchronik« *Von hoher Warte! Denkwürdigkeiten eines alten Knopfes.* Unverkennbar von Mörikes *Altem Turmhahn* inspiriert, läßt Oechsler in schaurig schönen Versen den Knopf zum Chronisten der Geschichte Heilbronns werden:

Sic transit gloria! – Uralter Satz,
s ist für die Katz,
Was wir geleistet, was wir gewesen,
Die Sanduhr rinnt:
In die Ecke kehrt uns der räumende Besen;
Man wirft uns am Ende zum alten Eisen,
Selbst wenn von gediegenem Kupfer wir sind, –
Wie du hier alter ›Wartbergknopf‹
Wartturmkopf,
Armer Tropf,
Dein Schicksal muß es aufs Neue beweisen! –
Jahrhunderte lang
Warst du im Schwang
Ein luftig weitschauender Luginsland
Auf stolzer Bergfriedzinne,
In deiner wettergebräunten Brünne
Über wogenden Wipfeln wohntest du,
Hoch über die Niederung throntest du
In Sonnennähe, –
Und nun, o wehe,
Hier ins dumpfe Gewölbe gebannt,
Schmachtest du nun seit Jahren, o Jammer,
Im Stadtarchiv, in der Rumpelkammer,
Drein weder Sonne scheint, noch Mond, –
Und wie hast du dich gern gesonnt,
Einst aller vier Winde Windfang du,
Reichsfreier Dohlen Rendezvous! –
Lohntest du nimmer die Reparatur,
Davon du zeigest so manche Spur?
Deines Panzers wetterzerschlissene Lücken
Archivalische Spinnen barmherzig nun flicken!
Was sie nur dachten?
Lassen in dieser Dumpfluft dich schmachten!
Hast du kein besseres Schicksal verdient,

Der durch Jahrhunderte treu du gedient? . . .
Jetzt aber stehe mir Rede du,
Alte Wettertrommel, -Trompete du,
Was von hoher Warte du Alles gesehn
In der Jahrhunderte sausendem Wehn! –
Du dröhnst und brummst mißmutig hohl,
Wie ein zersprungnes Kasserol?
Wart nur, ich will die Zunge dir lösen,
Ich rühr' dich mit meinem Zauberstab:
Schüttle den Staub und die Spinnen ab,
Ersteh' aus deinem dumpfen Grab,
Sei, was du gewesen!
Frisch auf,
Hinauf
Schwing' dich, ein flotter Luftballon!
Da thronst du ja wieder auf deinem Thron
Und vom erhabenen Sitze
Auf Wartbergturmesspitze
Rings überschauest du die Welt,
Vom Morgensonnenschein erhellt!

Mit diesem Auftakt der Chronik sei es genug: In vielen,
vielen Versen darf sich der Knopf nun an das Vergangene
erinnern, an den Bauernkrieg, den Dreißigjährigen Krieg,
an die »Neckargartacher Revolution«, an das Erdbeben
von Lissabon und nicht zuletzt an Geistesheroen wie Goethe, Schelling oder Schiller, die die »blütenumschlun-
gene, heiligem Sagenborn entsprungene, fränkischer Kö-
nigspfalz entsprossene, neckarumflossene« Stadt auf-
suchten. Keiner, der Oechslers Büchlein bis zu Ende gele-
sen hat, wird je an der Bedeutsamkeit des Wartbergknop-
fes zweifeln . . .

Die Dichter und der Wein

»Alles was man übersieht, ist fruchtbar; das Nächste sind Weinberge, und die Stadt selbst liegt in einer großen grünen Masse von Gärten. Es gibt den Anblick von einem ruhigen, breiten, hinreichenden Genuß. Es sollen zwölftausend Morgen Weinberge um die Stadt liegen« – Goethes Lob des Weinbaus, vom Wartbergrundblick animiert, spricht fast allen seinen Literatenkollegen aus der Seele. Heilbronn und der Wein, das ist eine unverbrüchliche Einheit, der sich die Dichtung gerne hinzugesellt. Bundespräsident Theodor Heuss aus Brackenheim, selbst ein Mittler zwischen Politik und Kunst, hat dazu in seiner 1906 am Ort publizierten Doktorarbeit *Weinbau und Weingärtnerstand in Heilbronn a. N.* das Nötige gesagt: »Ein Weinberg ist ein Stück gesellschaftlicher Repräsentation. Was zu Geld kommt und einen bodenständigen Eindruck machen möchte, tut sich zu diesem Zweck einen Weinberg an. Die Hauptfunktion eines solchen Weinbergs ist, das relativ stimmungsvolle ›milieu‹ für angenehme Herbstfeste zu bilden; denn solcherlei tolltrunkene Fröhlichkeit ist ein Stück alter Kultur (was zwar niemand mehr recht empfindet) und auf jeden Fall der Höhepunkt im gesellschaftlichen Leben Heilbronns.«
Auch wenn es Heuss vornehmlich auf die Begüterten bezog, die sich mit einem Weinberg gesellschaftlich auszeichnen wollten: Der Wein war und ist den Heilbronnern ein Kulturgut, und so versteht es sich, daß – wie Heuss konstatiert – »ein sehr hoher Prozentsatz des Erzeugnisses am Platz konsumiert« wurde und wird.
Was zum Alltag der Einheimischen gehört, heiterte auch mißgestimmte Besucher wie Friedrich Schiller auf, der an

Körner schrieb: »Der Neckarwein schmeckt mir desto *Neckarwein* besser, und das ist etwas, was ich auch *Dir* gönnen möchte. So enorm teuer dieses Jahr alles und besonders der Wein ist, so trinke ich für dasselbe Geld noch einmal soviel Wein als in Thüringen, und zwar vortrefflich. «
Und auch David Friedrich Strauß vergaß den Verdruß in Heilbronn, als sich ihm die herbstlichen Freuden ankündigten: »Bei uns steht nun die Weinlese vor der Tür mit allerhand Freuden für die Jugend und Mitfreude für die Alten. Dort reifen zwar im Garten köstliche Trauben, al-*Heimat der Weinlese* lein die Heimat der Weinlese ist doch bei uns hier außen. «
Ein paar Jahrzehnte zuvor hatte auch Gustav Schwab in seiner Heilbronn-Beschreibung das Augenmerk auf diesen lieblichen Aspekt gerichtet: »Heilbronn hat, wie Esslingen, eine bedeutende Fabrik moussierender Weine, von seinen eigenen Weinbauern besorgt, welche mit dem Erzeugnisse ihrer alten Schwesterstadt wetteifert. Der Weinbau ist hier im höchsten Flore, und die Heilbronner ›Herbste‹, die auch unser Bild andeutet, das Heiterste, was man in Schwaben sehen kann. Unter einem steten *Evoe Liber!* werden diese Weinfeste mit wahrhaft orgiastischem Jubel von den zahlreichen Gutsbesitzern auf ihren Weinbergen, auf den Wiesplätzen am Neckar mit Feuerwerk und in den Tanzsälen ihrer schmucken Gasthäuser begangen, und jeder Fremde, der des Wegs gezogen kommt, ist gastlich eingeladen und wird in den jauchzenden Kreis hineingezogen. «
Das Dichterlob auf den Wein(bau) hat lange Tradition. Zu deren älteren Dokumenten gehört das griechisch-lateinische Gedicht *Herbstsegen,* das der Gymnasialrektor Chri-*Christoph Luz* stoph Luz (seit 1622 im Franziskanerkloster am Hafenmarkt tätig) 1630 in einer Heilbronner Buchdruckerei verlegen ließ. Hören wir in Wilhelm Röschs Übertragung, wie Luz in ausladender Poesie vom Reifen der

Trauben und vom Tagwerk des Wengerters zu berichten
weiß:

Bald darauf strotzte dann auch von reifen Trauben der Weinberg
Und hat der Herbst seine Schätze in reichlichem Maße ergossen,
Daß er die Hoffnung weit übertraf des jubelnden Winzers,
Und die Zahl der Gefäße nicht reicht für die Fülle des Segens.
Seltenen Jubel erregt so ergiebige Ernte den Bürgern.
Siehe, wie auf der sonnigen Halde die Stöcke beschwert sind
Mit den gekochten Trauben zur Augenweide des Winzers,
Der auf dem fetten Gelände die üppigen Früchte bewundert,
Die dem gekrümmten Messer der Reih nach fallen zum Opfer.
Hier prangt eine in dunkelem Rot, der purpurnen Fahne
Ähnlich, und dort hängt eine so dunkel wie Rabengefieder,
Während dagegen wie gelbliches Gold eine andre erglühet,
Eine duftet wie Veilchen, noch köstlicher aber ist jene
Die von dem würzigen Dufte des Muskatellers den Namen
Trägt und entschieden des Preises würdig die anderen aussticht.
Und nun füllt er damit die Körbe und Kübel und Gölten,
Trägt die gefüllten dann hin zum Pressen und heißet den jungen
Burschen mit rascher Sohle sie quetschen, welcher geschäftig
Nimmt, was den Zuber füllt, und hurtig im Takte des Tanzes
Hebend und senkend den Fuß im hohlen Gefäße herumhüpft,
Daß aus den platzenden Trauben der wonnieliebliche Saft fließet.

Für den Dichter, der solche Mühe walten läßt, um der
Rebe gerecht zu werden, duldet der Rang dieses Gewäch-
ses keinen Zweifel:

Mögen auch andre Gewächse die Arme hoch in die Lüfte
Strecken und fest auf dem Boden stehen die massigen Stämme,
Neigen sie doch ihr buschiges Haupt der gebogenen Rebe,
Und wie die Diener den Herrn, so ehren das schwanke Gewächs
    sie.

Ja, es gebühret der Preis vor sämtlichen Bäumen dem Weinstock,
Und seine Frucht ist der Stolz und die Zierde jedes Geländes.
Denn sie löschet den brennenden Durst, der die Kehle
    vertrocknet,
Sie vertreibet der Krankheit Keim aus dem siechenden Leibe,
Hilft mit gelinder Wärme dem Magen die Speisen verdauen.

Doch allem Guten wohnt auch Schlechtes bei, und so ver-
säumt es Luz nicht, in wahrhaft barocken Bildern, vor den
lauernden Gefahren des Weines zu warnen:

Aber wenn um die Wette man trinkt und die herrliche Gabe
Wird aus bauchigem Krug in die Kehle des Zechers gegossen,
Wird von nämlichem Gift so Geist wie Körper verpestet,
Strauchelt der Fuß, das Auge verschwimmt, das Gehirn wird
    benebelt,
Daß ihm die Gegenstände in doppeltem Bilde erscheinen,
Und vom Wein überwältigt der Geist sich verwirret und brach
    liegt.
O welch greuliche Saat von Leiden und Übeln erwächst da!
Denk' an die Knoten der Gicht, die Hände und Füße befallen,
Und den schmerzenden Kopf getroffen vom lähmenden
    Schlagfluß,
Daß vor der Zeit, noch ehe die Grenze des Alters erreicht ist,
Dir die Parze mit grausamer Schere das Leben verkürze.
Darum lösche den Durst mit Maß, beherrsche mit frommer
Scheu das Gelüst und leere nicht gierig Humpen auf Humpen,
Gleich einem Trunkenbold den Schlund und die Brust
    überschwemmend,
Daß dir die Lunge ersticke im Schlamm, die Besinnung vergehe
Und der taumelnde Fuß nicht fest mehr steh auf dem Boden.

So flammend Luzens Rede auch war, so wenig vermochte
er selbst sie zu beherzigen. Persönliche Nöte, gemehrt

durch die Pestschrecken des Dreißigjährigen Krieges, ließen ihn ungebührlich eifrig zum Glase greifen, und so wurde auch er ein Opfer des Triebes, den er im Vorspruch seines *Herbstsegens* gegeißelt hatte: »denn ein solcher Segen der Weinberge ist nicht gegeben, damit die Gier der Schlemmer täglich schwelge in der brausenden Flut der Üppigkeit, und ganz vertiert in der Sklaverei der Sinne, die Genüsse von Speise und Trank mit so schnödem Gelüst verschlinge und vertilge.« Weinselig verstrickte sich Christoph Luz mehr und mehr in stadtbekannte Querelen, so daß schließlich auch seine Amtsführung zu leiden begann. Allein deswegen trauerte man ihm kaum nach, als er im Juli 1634 die Stadt verließ, um eine Präzeptorstelle in Calw anzunehmen – fern des Unterländer Weines, den er so feurig wie kein zweiter besang.

Gier der Schlemmer

Luz' Herbstgedicht samt seinen Mahnungen geriet in Vergessenheit, und so dürfte es, gut zwei Jahrhunderte später, dem Lyriker Ferdinand Freiligrath kaum mehr gegenwärtig gewesen sein, als er die ihm wohl unvergeßliche Bekanntschaft mit Heilbronner Weinwirtschaften machte. Nach einem Besuch in Weinsberg zog Freiligrath mit Theobald Kerner gen Heilbronn, ohne etwas von den fatalen Folgen dieses Ausfluges zu erahnen: »Ich schnallte mir das Reiseränzchen Freiligraths um und wir wanderten morgens zehn Uhr Heilbronn zu. Freiligrath, der auf der Reise nach Weinsberg zu Heilbronn im Falken übernachtet hatte, war dort mit einem Kaufmann zusammengetroffen, den er von Holland aus kannte, und hatte ihm versprochen, auf der Tour nach Stuttgart bei ihm zu Mittag zu speisen. Aber die Sonne brannte so heiß, und unser Durst wurde so gewaltig, daß wir, als wir nach Heilbronn kamen, vor allem dem Aktiengarten zugingen und uns an einem einsamen, lindenumschatteten Tisch niederließen. ›Zum Abschied muß noch gut und Gutes getrunken wer-

Ferdinand Freiligrath

Aktiengarten

den!‹ sagte Freiligrath und rief nach der Weinkarte. Auf
dieser standen Neckarweine, Moselweine, Rheinweine in
schönster Ordnung. ›Wir wollen die Geister aller dieser
drei Reiche citieren‹, sagte er, ›und wacker mit ihnen
kämpfen‹, und nun stießen wir an und tranken und tranken und hörten nicht auf zu citieren, bis die Geister uns
beide niedergezwungen hatten und wir den Kellner jetzt
nur um Ruhe, ungestörte Ruhe baten. Freiligrath legte
sich auf die Bank und schob sein Ränzchen unter den
Kopf, ich lagerte mich neben ihn ins Gras und wir schlie-
fen wie zwei, denen ein gesunder Schlaf recht nottut. Als
wir erwachten, war Mittag vorbei, von einem Gastessen
bei dem Kaufmann konnte keine Rede mehr sein. Frei-

Stuttgart ligrath fuhr nach Stuttgart, und ich wanderte Weinsberg
zu.

Einige Tage darauf kamen Briefe aus Stuttgart. Der böse
Freiligrath! Was hatte er getan? Die Geister der drei Reiche
mußten ihm noch unterwegs ihre Macht gezeigt haben,
und in Stuttgart mischten sich noch neue Alliierte in den
Kampf – kurz, in später Nacht hatte er durch die Straßen
der Stadt (noch dazu die damals streng verbotene Cigarre
im Mund) wie eine Amsel gesungen, was ihm eine Arre-
tierung und unfreiwilligen Aufenthalt auf der Hauptwa-
che zuzog. «

Genug der Ausschweifungen. Wenn auch nicht alle Dichter den Verführungen des Trollingers so bereitwillig erla-
gen, so vermochten es nur wenige, den moralischen Rat-
schlägen des Rektors Luz stand- und dauerhaft zu folgen.
Man blieb beim Wein, dessen Konkurrenz kaum zum
Zuge kam: » Das Bier dagegen war von Ihren Herrlichkei-
ten aus guten Gründen geächtet, und erst im Jahre 1772
wurde gestattet, in Heilbronn eine Brauerei zu errichten. «
(Kauffmann)

Eines Weinjahrgangs sei zuletzt besonders erinnert. Friedrich Dürr notierte in seiner *Heilbronner Chronik* zum Jahr 1811: »Viel und ausgezeichneter Wein ... ›Kometenwein‹ genannt nach dem seit September erschienenen großen und hellen Kometen.« Einem Poeten, dem Neckarsulmer Oberamtsrichter Wilhelm Ganzhorn (1818–1880), war es vergönnt, ein ganzes Faß dieses kostbaren Kometenweins in seinem Keller zu verwahren. Einen »treuen« und »trinkbaren« Mann nannte ihn Joseph Victor Scheffel, und wie man heute Ganzhorn nur mehr als Verfasser des Volksliedes *Im schönsten Wiesengrunde* kennt, so waren zu seinen Lebzeiten den Freunden Ganzhorns die erlesenen Weinpräsente vielleicht erfreulicher als die beigelegten Verse. Robert Mayer, der naturwissenschaftliche Heros der Stadt, erhielt 1869 zum Geburtstag zwei Flaschen des betagten Ganzhornschen Kometenweins, einschließlich der weniger bedeutsamen Verse:

Wilhelm Ganzhorn

Robert Mayer

Greif zum Becher ohne Ende
Trinke mit mir oft und viel
Mir zuliebe, denn präsente
Medico nocebit nil (In Gegenwart des Arztes schadet nichts!)
Dir zum Frommen, dann ergründ'st du
Tiefer noch die Wissenschaft,
In dem Wein vereinigt findst du,
Freund, die Wärme und die Kraft!

Abschied

Die Rundreise durch das literarische Heilbronn hat, nach einigen Abschweifungen, mit dem Wartberg und seinem Turm einen würdigen Endpunkt gefunden. Gewiß, man könnte von der Höhe nochmals hinuntereilen, um nach weiterem Stoff aus der Literaturgeschichte zu forschen. *Gemmingstal* Etwa ins Gemmingstal, wo in den dreißiger Jahren unseres Jahrhunderts die Familie eines Heilbronner Oberbürgermeisters wohnte. Nachdem dessen Tochter zum Studium nach München gegangen war, lernte sie dort den Studenten der Kunstgeschichte und angehenden Schriftsteller Hermann Lenz kennen und gewährte ihm mit *Hermann Lenz* steller Hermann Lenz kennen und gewährte ihm mit praktischer Heilbronner Tatkraft Unterstützung, als dieser sich in heftige Liebeshändel verstrickte. In dem autobiographischen Roman *Neue Zeit* (1975) kann man nachlesen, wie diese Tochter – Stina genannt – Lenzens autobiographisches Alter ego – Eugen Rapp – entscheidend darin bestärkte, den Widersacher abzuschütteln: »Und Stina sagte, also dagegen müsse er sich schützen: ›Ich geb Ihnen meine Pistol, verstanden? Ich hab' nämlich eine Pistol, weil wir in Heilbronn so weit draußen wohnen.‹ Und sie machte ihre Kommodenschublade auf, griff zwischen Schlüpfer und Strümpfe und hatte die Pistole in der Hand: ›So ... Damit Sie wissen, wie man's macht.‹ Und sie ließ das Magazin aus dem Griff rutschen, den Lauf zurückschnappen und die Kugel herausspringen; dann steckte sie's wieder hinein: ›Jetzt ist eine im Lauf. Und jetzt ist g'sichert ... Und so wird die Pistol' entsichert. Machen Sie's mal nach.‹ Er konnte es, Stina war zufrieden, und er schob das Ding in seinen Anzug.«
Wochenlang zog der auf diese Weise bewaffnete Eugen

Rapp bzw. Hermann Lenz daraufhin durch München, und so ist es, recht besehen, der Entschlußkraft aus dem Gemmingstal zu danken, daß Lenz die Kraft fand, seinen Konkurrenten, der übrigens später zu anderen Ehren kam, auszuschalten und sein künftiges Eheglück zu befördern.

Gewiß, man müßte nicht ins Gemmingstal spazieren, um den literarischen Spuren nachzugehen, die in diesem Bändchen vergessen oder mißachtet wurden. Bleiben wir statt dessen auf dem Wartberg, den nicht wenige ein letztesmal erklommen, ehe sie von Heilbronn schieden. Goethe, wie gesagt, verbrachte den letzten seiner (allerdings nur: zwei) Abende hier, und vielleicht haben die Eindrücke des Abendhimmels über der Stadt jenes Wohlwollen hervorgerufen, mit dem er wenige Wochen später dem Weimarer Herzog von Heilbronn berichtete: »Heilbronn hat mich sehr interessiert, sowohl wegen seiner offenen, fruchtbaren, wohlgebauten Lage, als auch wegen des Wohlstandes der Bürger und der guten Administration ihrer Vorgesetzten. Ich hätte gewünscht, diesen kleinen Kreis näher kennen zu lernen. « *Goethe*

War Heilbronn nur eine von vielen Stationen auf Goethes Reisen, so scheint es seinem eifrigsten Lobredner – Schubart – unvergeßlich und unvergleichlich geblieben zu sein. Vom nahenden Abschied betrübt, resümiert er nochmals die Tage seines Aufenthalts: »Tiefgewurzelt blieben seit diesem in meiner Seele die Eindrücke von Heilbronn – von diesem schönen Himmel, der über seine Warte, Türme und Häuser hinströmt und von den guten, freien, heitern, offenen, zu den reinsten Akkorden der Freude und des Wohlwollens gestimmten Menschen daselbst. « *Schubart*

Manche schieden ungern, wie Ludwig Uhland: »Von Heilbronn konnte ich mich ohnedies kaum losreißen und blieb an jenem Sonntage noch bis halb 4 Uhr«. Manche schieden freudig, wie Friedrich Schiller, dem es »an aller häuslichen Bequemlichkeit fehlte.« Und manch anderer

Franz Dingelstedt

brach ohne emotionale Anteilnahme auf, wie Franz Dingelstedt, der nach einem »tröstlichen Dejeuner« sich der »zauberhaften Kraft und Schnelle« der Eisenbahn bediente, um nach Stuttgart heimzukehren: »Links der Neckar, an dessen silbernen Windungen man dicht hinauf und entlang saust; rechts aufsteigende Felsen, denen nur für die Schienen ein Raum abgetrotzt worden. Weinreben und Winzerhütten hängen schier in die Fenster herab. In anmutigem Bogen schlingt der Weg um die alten Flecken Lauffen, Kirchheim, Besigheim seine eisernen Gürtel, dann nickt ein Römerturm, dann eine ritterliche Ruine von den Höhen; jetzt bohrt sich das feuerspeiende Ungetüm in den Bauch des Berges, und wir verschwinden in gähnender Nacht, jetzt wieder überspringt es auf langgestreckter, rotgedeckter Prachtbrücke die vom Schwarzwald in den Neckar eilende Enz. Classische Stellen, wo-

*Fülle und
Lebendigkeit*

hin wir blicken und greifen, und überall südliche Fülle und Lebendigkeit. Heilbronn: quillt und sprudelt sie nicht schon aus dem bloßen Namen?«

Und manch andere schließlich – es soll nicht verschwiegen werden – haben den Reiz der Stadt nie kennengelernt,

Elisabeth Plessen

wie Augusta, die Hauptfigur in Elisabeth Plessens autobiographischem Roman *Mitteilung an den Adel* (1976). Auf dem Weg nach Norddeutschland bleibt Heilbronn für sie ein bloßer Name auf den blauen Autobahnschildern, mehr nicht: »Das Neckartal verregnet. Gehänge von Wolkensitzen. Es goß. Buderus Vaihinger Eternit. Karlsruhe 107 KM. Heilbronn 99 KM.« Eine weitaus geringere

Kerner

Strecke hatte Justinus Kerner zurückzulegen, wollte er von Weinsberg aus einen Besuch in Heilbronn machen. Die vielen Male, die er dies tat, ließen eine Verklärung nicht zu, und vielleicht stammt deshalb das aufrichtigste

Lob, das auf Heilbronn ausgesprochen wurde, aus der Feder des alten Weinsberger Dichterarztes:

An Heilbronn

Liebe Stadt! sooft ich gehe
durch die hellen Straßen dein,
schmerzt es mich, daß ich jetzt sehe
alles nur im trüben Schein.

Habe hell in dir gesehen
einst manch freundliches Gesicht,
sah viel Liebes stehen, gehen,
doch jetzt siehts mein Auge nicht.

Und an manchem, dem ich fassen
möcht' die Hand zu trautem Gruß,
schreitend durch dieselben Gassen,
ich vorübergehen muß.

Zieht dein Himmelslicht, das klare
spurlos bald an mir vorbei,
liebe Stadt, o so bewahre
mir nur deine Wärme treu.

Stadt! die liebend meine Kinder
in den Schoß genommen hat,
bist, wie ihnen, mir nicht minder
eine zweite Heimatstadt.

Stadt! die freundlich mir gewesen
dreißig lange Jahre fast,
laß auf meinem Grabe lesen:
›Weinsbergs Bürger, Heilbronns Gast‹.

Das Asyl der Gastfreundschaft
Justinus Kerner und Weinsberg

Um kaum einen anderen Dichter schwäbischer Herkunft ranken sich so viele Histörchen und Anekdoten wie um Justinus Kerner, den schaffensgewaltigen Weinsberger Arzt. Seine vielseitigen Begabungen und seine schillernde Persönlichkeit haben ihn in der Geistesgeschichte des frühen 19. Jahrhunderts – auch außerhalb seiner Heimat – fest verankert, obgleich sein eigentliches literarisches Werk nahezu in Vergessenheit geraten ist. Von einzelnen Gedichten, dem *Wanderer in der Sägemühle* oder dem *Reichsten Fürst,* abgesehen, erinnert man sich an Kerner vor allem als an ein romantisch-skurriles Original, dessen vielaufgelegte *Seherin von Prevorst* den Freunden des Okkulten – einst wie heute – als Fundgrube dient.

Justinus Kerner – hinter diesem Namen verbirgt sich aber auch die erstaunliche Symbiose mit seinem Lebensraum, dem »Weibertreu«-Städtchen Weinsberg, in das der 32jährige Kerner im Januar 1819 als Oberamtsarzt zog. »Die hiesige Gegend ist überhaupt sehr merkwürdig, trägt ein charakteristisches Leben«, schrieb er damals an Uhland. Und drei Jahre später übersiedelten er und seine Familie in das Haus an der Öhringer Straße, das der ortsansässige Werkmeister Hildt »in einer sehr schönen Lage unter lauter Fruchtbäumen« erbaut hatte, in ein Haus, das mittlerweile zum Schatz der schwäbischen Dichterstätten geworden ist.

Geselligkeit und Freundschaftskult fanden hier ihren idealen Hort, den die Gastgeber zu einem weit über die Stadt hinaus bekannten »Asyl der Gastfreundschaft« (Friedrich Th. Vischer) machten. Nicht zu zählen die Künstler, die

Justinus Kerner

Wanderer und die Kranken, die dieses keineswegs über-
mäßig große Haus während der vierzig Jahre bis zu Kerners Tod aufgenommen hat, und nicht vorstellbar wäre
diese Freigiebigkeit ohne die Energie der Hausfrau Friederike Kerner, einer Ruiter Pfarrerstochter, die Wahrheit
und Legende längst zum dienenden, treusorgenden Geist
der Künstlerzusammenkünfte stilisiert haben. Ob Kerners Frau, das »Rickele«, sich selbst immer in dieser Rolle

Friederike Kerner

gefallen hat, braucht hier nicht erörtert zu werden; unbe-
streitbar und vielfach belegt bleibt ihre Fähigkeit, einen
beengten Haushalt auch in finanziellen Notzeiten geschickt und fürsorglich organisiert zu haben, so daß ein
Gast wie Nikolaus Lenau versichern konnte: »Wer bei Ihnen ißt, dem ist es, als äße er die Lieblingsspeise seiner
Jugend. «

Verlassenheit Friederikes Tod im Jahre 1854 brachte Justinus der Verzweiflung nahe, schien seine latente Angst vor Verlassenheit aufs grausamste zu bewahrheiten. Dreizehn Jahre zuvor hatte er diesen Schrecken erahnt und in einem seiner
schönsten Gedichte zu bannen gesucht:

An Sie im Alter

Würdest sterben du vor mir,
Würd' dein Tod den Tod mir geben,
Denn wie könnt' ich, ach! noch hier
Mit zerteiltem Herzen leben?

Wäre wie der alte Baum,
Den der wilde Sturm gespalten
Bis zur Wurzel, daß er kaum
Kann sich überm Abgrund halten.

Sinken muß er in die Kluft,
Der zerrißne, blätterlose. –
Sänke bald in deine Gruft,
Daß uns deckten gleiche Moose.

Noch wer heute im renovierten Kernerhaus einkehrt und
durch die engen Zimmer geht, darf sich ein Bild davon
machen, wie gedrängt und wie lebhaft es hier zugegangen
Geisterturm sein mag. Das Haus, die Terrasse, der Garten und der Geisterturm – dieser einstige Gefängnisturm mit seiner Platt-

Justinus Kerners Wohnung in Weinsberg.

form – sie bilden eine Einheit, die ein wenig von der verständnisvollen Vertrautheit und der offenen Herzlichkeit alter Tage verklärend bewahrt hat. »Abends saßen wir in lieblicher Abendkühle unter Bäumen, durch die der Mondschein brach«, erinnerte sich Varnhagen von Ense, und unüberschaubar fast sind die Zeugnisse und Erzählungen, in denen sich ähnliche Erfahrungen spiegeln.

Justinus Kerner, der übermütige Melancholiker, war auf die Aufmunterung und die Mühsal seiner Freundschaften angewiesen; die Turbulenz gehörte zu seinem Leben, das er von drohender Einsamkeit überschattet sah. Wenige Dichterbiographien enthüllen ein derartiges Nebeneinander von tiefer Resignation und ausgelassener Heiterkeit. Sohn Theobald hat beispielsweise überliefert, wie sein Vater eines Morgens die Weinsberger Frauen auf den kulinarischen Prüfstand stellte: »›Ich möchte wissen, wer in Weinsberg die besten Pfannkuchen backt?‹« Derart motiviert, luden sich Vater und Sohn nacheinander bei der Gerichtsbeisitzerin Theurer, der Pfarrerswitwe Koch und der Stiftungspflegerin Weber ein, um deren Kochgeschick zu testen. Doch die Geschmacksrichter waren nicht leicht zufriedenzustellen: Die ersten Pfannkuchen »waren offenbar zu hastig und halb im Zorn gebacken, sie waren lederzäh, an einigen Stellen verbrannt«, die nächsten Exemplare »klein und weiß und dünn wie Postpapier«. Gesättigt, aber unbefriedigt blieb den Kerners am dritten Tag die Stiftungspflegerin als letzte Hoffnung; indes, auch hier konnte man die Kritik nicht zurückhalten: »Der Pfannkuchen war excellent, doch es war kein rechter Pfannkuchen, mehr ein Zwiebelkuchen.« Justinus und Theobald beendeten ihre Pfannkuchenexkursion und kamen – wen überrascht's – zu dem Ergebnis, daß die besten Pfannkuchen am Ort natürlich im Kernerschen Hause selbst gebacken würden.

Kerner ließ sich gern zu solchen Späßen verleiten, obwohl ihm kaum Zeit dazu verblieb. Seine mannigfachen Interessen und die berufliche Anspannung forderten seine Arbeitskraft bis aufs äußerste, und als sich Anfang der vierziger Jahre ein hartnäckiges Augenleiden einstellte, mehrten sich seine Klagen: »Ich bin ein Gaul in einer Tabaksmühle, sonst gar nichts mehr. Man spannt mich zum notdürftigsten Fressen und Schlafen aus, jeden Morgen werden meine steifen Glieder wieder zu neuem langweiligen Laufe aufgepeitscht und so geht es noch kurze Zeit fort, bis der Tod ›Halt!‹ ruft und den Gaul fortführt, der Himmel weiß wohin.«

Anders als Pfarrer Mörike versuchte Kerner nie, sich den Anforderungen seines Berufs zu entziehen. Es ist undenkbar, seine Person ohne das leidenschaftliche ärztliche Engagement zu begreifen. Lange Jahre hat man den Mediziner Kerner als »romantischen Arzt« belächelt, der leichtfertig den Wahnvorstellungen seiner Patienten aufgesessen sei und obskuren Heilmethoden vertraut habe. Daran hat sich inzwischen manches geändert, und man erkennt allmählich, daß Kerners Heilversuche humaner ausgerichtet waren als vieles, was ihnen in der Medizingeschichte folgen sollte – »kein ›Halbgott in Weiß‹, vielmehr ein mit-leidender Bruder seiner Patienten« (Kurt Marti).

Bruder seiner Patienten«

Bekannt wurde Kerner als Arzt vor allem durch seine detaillierten Studien über Wurstvergiftungen. Diese Schriften, die ihm alsbald den nicht immer liebevoll gemeinten Spottnamen »Wurstkerner« eintrugen, basierten auf seinem wissenschaftlichen Grundsatz: »Hypothesen vergehen, aber die treue Beobachtung steht ewig fest«, und diese Fähigkeit zur genauen und einfühlsamen Beobachtung begründete sein medizinisches Renommee. Kaum war er in Weinsberg seßhaft geworden, veröffentlichte er *Neue Beobachtungen über die in Württemberg so häufig vorgefallenen tödlichen Vergiftungen durch den Genuß geräucherter Würste.* Wie in Welzheim, wo Kerner zuvor praktiziert hatte, wurde ihm bald auch aus der Weinsberger Umgebung merkwürdige Vergiftungen zugetragen. Sein erster »Wurst«-Fall hier stammte aus Lehrensteinsfeld: Friedrich Hüthinger »aß am 4. April 1819 von einem mit Blut gefüllten Schweinsmagen, dessen Ingredienzien noch außer dem Blut, Speck, Wecken, Pfeffer und Modegewürz (Piment) waren.« Und wenig später schreckte das leidige Wurstgift selbst vor dem Weinsberger Stadtrat nicht zurück; einer seiner Vertreter nahm »in einem Wirtshause zu Gruppenbach ... zwei Rädchen einer geräucherten kalten Leberwurst« zu sich, und weil er diese »sehr stark in Weinessig, Oel und Pfeffer« tauchte, bemerkte er erst bei

Schweinsmagen

Gruppenbach

der dritten Scheibe, »daß die Wurst verfault schmeckte, weswegen er diese nur zur Hälfte aß, die Wurst zurückstellte und zwei Schoppen neuen Wein mit Brot genoß. « Wochen später hatte der Stadtrat die Nachwirkungen seiner Gruppenbacher Mahlzeit überstanden, nicht zuletzt dank Kerners auf dieses Krankheitssymptom spezialisierter Behandlung.

Uhland nannte die Abhandlung »recht gelehrt und solid«, und auch die Fachwelt reagierte auf diese »Kesselsuppe« positiver, als es Kerner erwartet hatte. Wie effektvoll er die Folgen der Wursterkrankung zu schildern vermochte, *Achim von Arnims* zeigt ein warnender Brief Achim von Arnims, der im Kernerhaus zu Besuch geweilt hatte: »... erfuhr die schrecklichen Wirkungen des Wurstgiftes, einer Art aqua tofana, die sich in alten geräucherten Blut- und Leberwürsten erzeugt und warne Dich, je dergleichen geräucherte Würste nicht zu kaufen, das Herz steht still, die Augen erstarren, so leben die Menschen oft noch ein Jahr fort. « Die Grundlage seiner ärztlichen Kunst blieb stets die genaue Beobachtung, auch wenn diese gelegentlich erstaunliche Therapievorschläge nach sich zog: Als Kerner einen dem Anschein nach an Asthma leidenden Schuhmacher untersuchte, stellte er fest, daß dessen »Körper von einer Fett- und Schmutzkruste förmlich überzogen war. « Erst *Kur mit Bodenbürste* nachdem ihm eine dreiwöchige Kur mit Bodenbürste und Wasser verordnet worden war, konnte der Mann auf natürliche Weise geheilt werden, und erspart blieb ihm so ein unangenehmes Schicksal: »So erstickt mancher im Schmutz an verstopften Hautporen wie ein Frosch, den man lackiert. «

Ein andermal kurierte er einen so vermögenden wie geizigen Bauern, der über Mattigkeit geklagt hatte, indem er *Gasthof zur Traube* ihm riet, im Gasthof zur Traube »ein Beefsteak und eine Flasche guten alten Wein« zu verzehren. Der Bauer gönnte sich diese Arznei und fühlte sich sogleich » stark und dabei doch federleicht!«

Wesentlich diffiziler wurden jedoch die Fälle, die Kerner weit über Württemberg berühmt machten. In den zwanziger Jahren begann seine Beschäftigung mit dem Somnambulismus und Magnetismus, und jahrzehntelang blieb er eine erste Adresse für die an unerklärlichen Beschwerden Leidenden.

» Es sind jetzt sechs Besessene hier, worunter 2 Kinder von 9 Jahren, die ihre Heilung erwarten«, notierte Kerner 1831, zwei Jahre nach Erscheinen seiner aufsehenerregenden Studie *Die Seherin von Prevorst*. Friedrike Hauffe, die » Seherin«, entstammte einem Dorf in den Löwensteiner Bergen, dessen Einwohner – wie Kerner schrieb – » sich mit Holzmachen, Einsammeln von Waldsamen und Kohlenbrennen« ernährten. Die somnambule Förstertochter lebte von April 1827 bis Mai 1829 in Kerners Wohnhaus und lockte zahllose Besucher an, darunter die Philosophen Baader und Schelling. Im August 1829 starb sie in Löwenstein: » Sie war ein im Augenblicke des Sterbens, durch irgend eine Fixierung, zwischen Sterben und Leben zurückgehaltener Mensch, der schon mehr in die Welt, die nun vor ihm, als in die, die hinter ihm liegt, zu sehen fähig ist.« Nachdem Kerner die Geschichte der Seherin kundgetan hatte, galt er als – häufig befehdeter – Spezialist für das Abgründige und Unheimliche in der Natur. Er blieb diesem Gebiet treu, und noch nach Rickeles Tod widmete er sich dem Werk Franz Anton Mesmers, des Entdeckers des tierischen Magnetismus.

Daß er diese Phänomene hartnäckig verfolgte, lag nicht zuletzt am Schicksal etlicher seiner Dichterfreunde. Bereits 1823 nahm er den Romancier und Lyriker Graf von Loeben » zur Behandlung seiner Geisteskrankheit« bei sich auf, 1843 erlebte er den Tod des umnachteten Hölderlin, und

Friedrike Hauffe

Löwenstein

ein Jahr darauf entlud sich der Wahnsinn Nikolaus Lenaus, eines »herrlichen Dichters und Menschen« (Gustav Schwab), der seit Anfang der dreißiger Jahre regelmäßig bei Justinus verkehrte. Lenau (Niembsch von Strehlenau) selbst hat sich an die befremdliche Begrüßungsszene in Weinsberg erinnert: »Als ich nach Württemberg kam, ... fuhr ich nach Weinsberg, um Justinus Kerner kennenzulernen. Ein Diener wies mich eine Treppe hoch in die Wohnung des Doctors. Ich trat in eine Stube, sie war leer; ich wartete eine Weile, da mir aber niemand entgegenkam, öffnete ich die Tür zur zweiten Stube, auch diese war leer, in die dritte endlich eingetreten, sah ich ein wunderliches Bild: Auf dem Boden ausgestreckt lag lang und breit ein Mann, ihm zur Seite eine Frau, zur Linken und Rechten von ihnen Kinder. Sie lagen unbeweglich, doch konnte ich merken, daß sie lebten. Ich blieb betroffen stehen, die liegende Gruppe tat ebenfalls nichts dergleichen, als ob ein Fremder eingetreten wäre. Ich nannte endlich meinen Namen, ›Ah willkommen, lieber Niembsch! wir probieren da eben, wie es sein wird, wenn wir so nebeneinander im Grabe liegen werden.‹«

Trotz ihres ungewöhnlichen Auftakts dauerte die Freundschaft mit Lenau an; im Geisterturm entstanden Lenausche Werke, mitunter gar unter dämonischem Einfluß: »Wenn ich im Turmzimmer an meinem *Faust* dichte, fühle ich oft deutlich, wie der Teufel hinter mir steht und mir über die Achsel ins Manuskript schaut.« Zu Lenaus Freundschaftsbezeigungen zählt auch ein Kristallglas, das er dem Gastgeber 1834 zum Geschenk machte. Siebenundzwanzig Jahre später errechnete Kerner, welche Weinmenge er aus diesem Glase getrunken haben mochte: Ausgehend von einer Tagesration, die sich zumindest auf zweieinhalb Liter eines leichten, weißen Tischweins belief, ergab sich eine Summe von etwa 21 000 Litern. Welch anderer Dichter hätte es folglich mehr verdient, daß man eine Rebsorte nach ihm benannte?

Kerners Trinkfreudigkeit erinnert an die langen, diskussionseifrigen und herzlichen Stunden, die er mit den Freunden in Weinsberg verbrachte. Noch heute ruft sein Haus die Vorstellung wach, als säßen sie unverbrüchlich auf der Terrasse, die Lenaus und Uhlands, die Schwabs und Pfaus. Das Prunkstück des mit vielen Erinnerungsstücken ausgestatteten Hauses ist gleichwohl das Sargzimmer im zweiten Stock, das man originalgetreu zu restaurieren versucht hat. Ein niedriger Raum mit Tonnengewölbe, die nachgedruckte Biedermeiertapete und die alte Tönung des Fußbodens – ja, hier, so darf man der Phantasie ungezügelten Lauf lassen, hat sich einer der Kernerschen Gäste zurückgezogen, in später Nacht, von Wein und Versen besäuselt und in der wohligen Gewißheit, einen behaglichen Unterschlupf gefunden zu haben – auch wenn es in einem Sargzimmer war. *Sargzimmer*

Wer immer sich auch in die Gästeliste eintrug – es bedeutete für die meisten eine besondere Attraktion, über einen Fußweg, den »grasigen Hag«, die Weinsberger Burg »Weibertreu« zu ersteigen. Wenige Zeit nachdem Kerner in Weinsberg sich niedergelassen hatte, nahm er sich, wie zuvor im Welzheimer Wald, der Geschichte seines Wohnortes an, der vor allem durch seine listigen und treuen Weiber bekannt war – eine historische Episode übrigens, die man neuerdings mit frauenemanzipatorischen Bewegungen des 20. Jahrhunderts zusammenbringt ... *Burg »Weibertreu«*

Die während des Bauernkrieges zerstörte Burg befand sich bei Kerners Ankunft in beklagenswertem Zustand. Die sparsamen Weinsberger Bürger verwendeten die Überreste der Ruine längst zum Bau ihrer Häuser, und es ist Kerners Initiative zu danken, daß die Burg vor weiterem Verfall geschützt wurde. 1823 wurde der »Frauenverein zu Weinsberg« gegründet, und nachdem die gröbsten Verwüstungen in der Burganlage beseitigt waren, konnte 1824 die »Weibertreu« den Besuchern wieder zugänglich gemacht werden.

Und sie ist ein Ort mit eigentümlichem Zauber geblieben.

Als ich das letztemal hinaufging, an einem Nachmittag im November, zog ein eiskalter Wind durch die Ruinentrümmer. Außer mir hatte sich niemand heraufgewagt, und es war ein absonderliches Gefühl, allein zwischen den Türmen, den Wiesenflecken und Sträuchern zu stehen. Die »Weibertreu« ist trotz aller Restauration eine schlichte Ruine geblieben, die sich nicht protzig zur Schau stellt und viel von einer langsam dahinmodernden Vergänglichkeit bewahrt. Wie oft wohl ist Kerner hier heroben gewesen, alleine, um ein wenig der melancholischen Ruinenstimmung zu frönen, oder mit Freunden, um sich am Ausblick zu freuen? »Nächste Weinlese komme ich wahr-

scheinlich zu Dir und bringe Wiener Raketen mit, die auf der Weibertreu steigen sollen«, schrieb Lenau 1835, und noch immer fällt der Blick von der Burg vor allem auf die Weinberge. Das Städtchen Weinsberg wird sich im Biedermeier erfreulicher gezeigt haben; jenseits der Bundesstraße nach Heilbronn hat sich ein häßliches Industriegebiet in den Hang gefressen ... ein Glück, wenn man auf der anderen Seite steht, zwischen gleichgültigen Steinen und Mauern.

Wer alles Burg und Kernerhaus besucht hat, das läßt sich am leichtesten an den Mauern selbst ablesen. Kerners Sohn Theobald ließ die Namen und Inschriften einmei-

ßeln, und vor allem im Geschützturm ist dieses steinerne Album dicht beschrieben. Auf den Mauern des Turms, in dessen Nischen die berühmten Äolsharfen auf den Wind warten, sind Dichter wie Clemens Brentano, Graf Alexander von Württemberg, Wilhelm Hauff, Hermann

Kurz, Berthold Auerbach oder Friedrich Theodor Vischer verewigt. Eine Inschrift zum Beispiel erinnert an einen weitaus weniger bekannten Künstler, den Architekten Karl Alexander von Heideloff, dem es beinahe gelungen wäre, die »Weibertreu« gründlich zu entstellen. Um 1855 schmiedete er den zutiefst emanzipatorischen Plan, auf den Burgruinen eine »Ruhmeshalle für Frauen« – der Weltenburger Walhalla nachempfunden – erstehen zu lassen. Kerner, der diesen finsteren Absichten zuerst nicht gänzlich abgeneigt gegenüberstand, wurde bald skeptisch, und der drohende »Aufbau von Marzipantürmen« schreckte ihn endgültig. Eine Weinsberger Walhalla – gewiß, damit besäße das Unterland heute eine Attraktion mehr, und Kerner ließe sich als Vorreiter der Frauenbewegung feiern; doch wer den »grasigen Hag« hinuntergeht und zum Eingangsturm zurückblickt, bereut wohl kaum, daß Herrn von Heideloffs Ruhmeshalle keinen Baumeister fand.

Karl Alexander von Heideloff

»Aufbau von Marzipantürmen«

Dieser architektonische Tatendrang fiel in Kerners letzte Lebensphase. Was sich nach dem Tod seiner Frau schärfer abzeichnete, bestimmte unterschwellig auch die vorangegangenen Lebensjahrzehnte: Seine Offenherzigkeit und sein Wunsch nach Gemeinsamkeit wußten insgeheim um die Brüchigkeit der Freundschaftsbündnisse. Wieder und wieder findet man in seinen Briefen eingestreute Passagen, die über Treulosigkeiten und fehlende Zuneigung der anderen klagen. Justinus Kerner, der ausgelassene Arzt und Dichter, fürchtete sich, den Hintergründen seiner Heiterkeit ausgeliefert zu werden. »Vom Turme aus sah ich sonst die Weibertreu, die Löwensteiner Berge, das Grab der Seherin, jetzt liegt nur noch eine schwarze Masse vor mir! Und wie traurig stimmt diese ewige Nacht der Seele«, so wehklagte der zuletzt fast völlig Erblindete; doch auch zuvor, ohne die unmittelbare Einwirkung der

Grab der Seherin

Krankheit, brach die Verzweiflung nicht selten jäh aus ihm heraus. 1837 schrieb er an Sophie Schwab: »Es kommt mir immer trauriger vor, daß Ihr so weit fort seid, und ich komme mir selbst hier verlassen vor. Es ist ein Jammer, dieses Leben! . . . Der Herbst ist trüb, seine Freuden sind kalt und die Trauben hangen wie Choleraleichen an den Stöcken. «

Zu den persönlichen Verlusten, die Kerner in den vierziger Jahren erlitt, kam die politische Erregung der Revolutionszeit hinzu. Während Theobald im September 1848 auf der Heilbronner Volksversammlung zur »gewaltsamen Erhebung in Deutschland, nicht bloß in Württemberg« aufrief, identifizierte sich sein Vater nie mit den herrschenden Strömungen. Ungeachtet seiner historischen und politischen Interessen entriet er beharrlich einer solchen Bestimmung des Lebens: »Ich lebe nicht in der Politik, sondern in der Natur. Die Politik ist des Teufels Werk, rechts und links«, notierte er 1850, und damit zählte er – wie Mörike – zu den Unzeitgemäßen dieser Jahre.

Und dennoch: Auch dem Werk des Teufels lassen sich komische Seiten abgewinnen, und so gelang es Kerner Anfang 1848, mit zwei Briefen eine politische Verwirrung zu stiften, die sich noch bis weit ins 20. Jahrhundert nicht auflöste. In zwei Schreiben an die als leichtgläubig bekannte Emma Niendorf und an Sophie Schwab wußte er von auserwählten Gästen seines Hauses zu berichten: So habe der bayerische König Ludwig I. seine Mätresse, die zur Gräfin von Landsberg ernannte spanische Tänzerin Lola Montez, nach Weinsberg gesandt, weil sie »besessen« sei. Und Kerner wußte Rat: »Ich werde, ehe ich sie magisch-magnetisch behandle, eine starke Hungerkur mit ihr vornehmen. Sie bekommt täglich nur 13 Tropfen Himbeerwasser und das Viertel von einer weißen Oblate. « Emma Niendorf, die Empfängerin dieser brisanten Botschaft, dürfte erschaudert sein, zumal Kerners Brief mit der eindringlichen Warnung schloß: »Sage es aber niemand! Verbrenne diesen Brief. «

Und zwei Monate später flüsterte Kerner Sophie Schwab noch Bedeutsameres zu: Zu Lola Montez habe sich der österreichische Staatskanzler Metternich gesellt und zeige plötzlich ein »unverschämtes Liberaltun«: »Er ruhte nicht, bis ich auf meinen Turm eine rote Fahne steckte ... Metternich spielt die Geige sehr gut. Es ist noch eine alte von Niembsch im Turm. Auf dieser spielt er immer die Marseillaise und pfeift konvulsivisch dazu im Mondenschein. « *Staatskanzler Metternich*

Der pfeifende Metternich, die hungernde Tänzerin und der feixende Kerner – daß der Weinsberger Dichter damit nur eine kunstvolle Legende gestrickt habe, wollte ihm die Nachwelt kaum glauben. Und wem historische Treue nicht alles ist, der darf sich dieses Trio zusammen im Kernerschen Garten vorstellen, ein Glas »vom besten Johannisberger« trinkend, den Metternich seinem schwäbischen Herbergsvater versprochen haben soll. *Johannisberger*

Skurrilität und Witz, Schwermut und Überdruß – dies alles konturiert das Bild des Weinsberger Stadtpoeten, und hinter den funkelnden Facetten der Biographie droht, zu Unrecht, sein literarisches Werk zu verschwinden.

Acht Jahre nach Friedrikes Tod starb Justinus Kerner im Februar 1862; ein letzter Wille aus dem Jahre 1850 hatte für sein Begräbnis bereits das Nötige verordnet: »Meine Leiche soll man in aller Stille ohne Gesang und Klang wie die meines Vaters begraben. Mit meinem Sohne und dem Tochtermann soll nur noch ein Freund und ein Geistlicher, sonst niemand meine Leiche zum Grabe geleiten. Keine Rede soll gehalten, auch nicht gesungen werden. Man soll ein stilles Vaterunser beten, den Sarg versenken und dann fortgehen. Dies soll geschehen und nichts andres. « *Februar 1862*

Manfred Kyber, Berlin 1918

Ein heimloser Vagant
Manfred Kyber und Löwenstein

»Löwenstein liegt in den Löwensteiner Bergen, 384 Meter über dem Meer, ist vorwiegend evangelisch und zählt 1331 Einwohner. Das Städtchen bietet ein reizendes mittelalterliches Gesamtbild und liegt malerisch-romantisch am Berghang, der unterhalb mit Feldern und Weinbergen, oberhalb mit Wald bestanden ist« – was ein Reiseführer aus den dreißiger Jahren so zu rühmen weiß, wird ein Jahrzehnt zuvor, nicht weniger gegolten haben, als sich, 1923, der 43jährige Balte Manfred Kyber dazu entschloß, das Großstadtleben (zuletzt in Stuttgart) gegen eine Existenz in der ländlichen Provinz einzutauschen.

Ein Sommeraufenthalt im Teußerbad war vorausgegangen, als er die Gelegenheit ergriff, eine am Ortseingang gelegene Dachwohnung zu beziehen. Obwohl Kyber nicht zu den Schriftstellern zählte, die das literarische Leben der Weimarer Republik beherrschten, war er kein erfolgloser Außenseiter. Seine Tiergeschichten und Märchen hatten ihn längst bekannt gemacht, die Auflagen zum Teil das 20. Tausend überschritten. Und dennoch: Die Inflation von 1923 nahm ihm seine finanziellen Reserven, und so wurde das Wohnen in der Löwensteiner Wilhelm-Maybach-Straße (heute mit Gedenktafel) zum kärglichen Hausen. Drei kleine, im Sommer zu heiße und im Winter zu kalte Zimmer umfaßte die Wohnung, die Kyber mit seiner Tochter Leonie, die sich 1927 nach Berlin verheiratete, und mit seiner Frau Elisabeth Kyber-von Boltho teilte, die ihm hierher folgte, obschon die Ehe im August 1922 geschieden worden war.

So dürftig das Domizil eingerichtet blieb – in einem Brief

Teußerbad

Wilhelm-Maybach-Straße

heißt es bitter-ironisch: »Vielleicht ist es mir also noch beschieden, wieder nach Jahren von einem Tisch statt von einer Kiste zu essen« –, so bot es doch einen Ausblick, den Kybers poetische, sich vom Materiellen fortwünschende Anschauung ausschmücken konnte: den Blick auf den *Sandberg*, einen verschlossenen, dichtbewaldeten Hügel, zu dessen Höhe damals noch kein Weg führte und der in ihm die Vorstellung nährte, ein Heiligtum habe sich einst auf seinem Gipfel befunden.

Manfred Kyber litt unter der Beschränkung, die er in Löwenstein, dem »öden Nest«, erfuhr, und wohl auch unter dem Unverständnis, das ihm die – nicht kunstbesessenen – Einwohner des Städtchens entgegenbrachten. So populär seine Märchen und Fabeln waren, so befremdlich wird manchem seine feingesponnene Lyrik oder die harsche Zivilisationskritik erschienen sein, mit der er seinen Zeitgenossen ins Gewissen zu reden suchte. Einmal noch – Ende der zwanziger Jahre – versuchten Freunde um die Hohenheimer Professorin *Margarethe von Wrangell*, ihm die notwendigen Mittel für ein dauerhaftes Heim – ein Häuschen in Bad Mergentheim – zu beschaffen. Der Plan scheiterte ebenso wie die (gewiß kühne) Absicht, ihn für den Nobelpreis vorzuschlagen.

Kyber bemühte sich, die Kränkungen zu verwinden, und fand Zuflucht im literarischen und essayistischen Werk, das in der Löwensteiner Zeit überraschend fruchtbar gedieh. So entstanden neben neuen Erzählungen und Märchen vor allem sein traumhaft-esoterischer Roman *Die drei Lichter der kleinen Veronika* (1929) oder die umfangreichen Essays *Tierschutz und Kultur* und *Neues Menschentum.* Bereits den ersten Winter 1923/24 verwandte Kyber darauf, an den Gedichten seiner Sammlung *Stilles Land* zu arbeiten, die in versteckter Weise bezeugen, daß seine Lebensenergie schon zu dieser Zeit zu versiegen drohte. Als

»heimloser Vagant« redet er in seinen Versen vom Jenseits, vom Tod, der das »Ende aller Irrfahrt« bedeuten, ihn »heimwärts« bringen sollte. Die ruhige, fast gelassene Todeserwartung, die die Gedichte durchzieht, enthüllt das Innere ihres Verfassers, seine erloschene Vitalität und auch sein Mißbehagen am zeitgenössischen Leben. Kybers geistige Heimat war die Romantik, der Jugendstil; mit den hektischen politischen Kämpfen der Weimarer Demokratie konnte und wollte er es nicht aufnehmen. Zornig klagte er über die ökonomische Ausrichtung der Epoche (»In der nächsten Inkarnation werde ich kein Dichter sein und kein Kulturträger, da handle ich mit Kartoffeln oder Trikotageknöpfen«), über die »materialistische Verseuchung Deutschlands« und dessen »mehr oder weniger verlorene Gesellschaft«. Und Kyber lief auf diese Weise zunehmend Gefahr, durch seine oft pauschale Kulturschelte zum Sektierer zu werden und nur mehr von Sektierern gewürdigt zu werden – ein Schicksal, dem sich Kybers Werk, von den Märchen und Fabeln abgesehen, bis heute nicht gänzlich entziehen konnte.

Todeserwartung

Fast alle Biographen Kybers neigen verhängnisvollerweise dazu, ihr eigenes Unverständnis des 20. Jahrhunderts (und dessen Kunst) zum Maßstab für Kyber zu machen, der so zum entrückten »Seher und Dichter« (Anton Brieger) stilisiert wird. Der Heilbronner Pädagoge Karl-Heinz Dähn, der auch das Kyber-Museum einrichtete, hat in seiner biographischen Studie versucht, dieses klischeehafte Bild ein wenig zurechtzurücken. Denn Kyber war ein streitbarer, polemischer (und deshalb manchmal ungerechter) Kämpfer, der sich in seinen Schriften auch mit Zeiterscheinungen auseinandersetzte, die ihm im Grunde fremd blieben und die er so gelegentlich verzerrt darstellte.

Karl-Heinz Dähn

Seit einigen Jahren hat man verstärkt begonnen, den leidenschaftlichen Tierschützer und Pazifisten Kyber wiederzuentdecken. Dessen Hauptschrift – *Tierschutz und Kultur* (1925) – wurde von einem alternativen Kleinverlag neu aufgelegt als ein lesenswertes Manifest, in dem (der Vegetarier) Kyber Tierquälerei, falsche Haustierhaltung oder Vivisektion geißelt. Und doch scheint diese Schrift *Tierfürsorge* auch die Grenzen und Gefahren einer radikalen Tierfürsorge aufzuzeigen. Denn die ausgiebige Kritik an der jüdischen Sitte des Schächtens trieb Kyber – ohne daß er dies beabsichtigt hätte – in das Lager ungeliebter Bundesgenossen. Um das Schächten zu brandmarken, rief Kyber das »arische Kulturempfinden« und das »echte Deutschtum« an und sah die Duldung des Brauches als »undeutschen Kotau vor der jüdischen Geldmacht«. Die Formulierungen sind verräterisch: Was als Tierschutz gedacht war, gerät unversehens zum blanken Antisemitismus und zum blinden Eifer gegen die »schändliche« Weimarer Republik. Kein Zufall folglich, daß Kybers erste Biographin *Gertrud Karger* Gertrud Karger 1937 über *Tierschutz und Kultur* schrieb: »ein hervorragendes Mitglied der nationalsozialistischen Bewegung sprach sich in einem Brief mit größter Anerkennung über dieses Werk aus. «

Diese Verstrickungen ändern nichts an der redlichen, aufrichtigen Liebe zum Tier, die Kybers Leben beherrschte und für die ihm 1930 der Welttierschutzpreis verliehen wurde. Bald nach seinem Einzug in Löwenstein eröffnete *Vogelrestaurants* er »große Vogelrestaurants« an den Fenstern der Dachwohnung, und die einheimischen Spatzen und Meisen nahmen das Angebot an Brotkrumen, Hanf und Rübsamen dankbar und zahlreich an. Eine Freundin – Thora von Brockdorff – hat sich an den Vogelfreund, den »franziskanischen Menschen« erinnert: »Und anderen Tages kamen die Vögel von draußen herein und setzten sich auf seine Hand. Alle hatten Namen, alle ihr besonderes Körnchen oder sonst einen Leckerbissen. Auf der Straße liefen ihm Hunde und Pferde zu. Stets waren die Taschen mit Zucker und Brot gefüllt. Ja selbst auf den Waldspaziergängen konnte es passieren, daß das Wild nicht Reißaus nahm, sondern die Rehe uns sanft beäugten und dann ganz dicht herankamen. «

Die genaue, anteilnehmende Beobachtung spiegelt sich in den Tiergeschichten wider. Eine dieser Erzählungen *(Mutter)* hat einen heiteren Briefwechsel zwischen Kyber und Margarethe von Wrangell hervorgerufen. Nachdem diese »es für technisch unausführbar« gehalten hatte, »daß Katzen Mäuse stillen«, verteidigte Kyber engagiert dieses Detail seiner Geschichte: »Daß Katzen Mäuse an die Brust genommen haben und aufgezogen, ist eine naturwissenschaftliche Tatsache, die von Brehm berichtet wird. « Man sieht, selbst der Erfinder von Tiergeschichten bedarf der überprüfbaren Quellen. Aus der Feder seiner Hohenheimer Briefpartnerin stammt zudem eine eindrückliche Schilderung aus dem Löwensteiner Jahrzehnt des Dichters: »Ich habe Manfred Kyber besucht. Er lebt ganz wie ein Lama, auf Kisten thronend, Hafer, Reis und Tomaten essend. Er wird immer magerer und sensitiver. Der einzige, der Fleisch im Hause bekommt, ist der Kater, seitdem er einmal den ihm vorgesetzten Brei angezischt hat. Ich glaube, Manfred Kyber sollte sich am Kater ein Beispiel nehmen. «

Immer wieder waren es die Katzen, die sein Leben begleiteten. Von kaum einem anderen Schriftsteller wird es so zahlreiche Bilder geben, auf denen innige Zwiegespräche mit Katzen eingefangen sind. Eine Auswahl dieser Photographien – zum Teil von Elisabeth Kyber aufgenommen – findet sich an den Wänden des Stadt- und Manfred-Kyber-Museums in Löwenstein. Seit 1976 ist es in der Ortsmitte im Rathausanbau untergebracht – eine bescheidene,

Tiergeschichten

Elisabeth Kyber

Rathausanbau

aber markante Gedächtnisstätte, die zu Unrecht weitaus weniger Besucher als die Erinnerungshäuser in Weinsberg oder Cleversulzbach anlockt. Das mit der Gründung 1968 begonnene Gästebuch ist über den ersten Band noch nicht hinausgelangt, doch von weither reisten etliche Besucher an: Lehrerseminare, literarische Wandergruppen, Volkshochschulkurse oder die deutsch-baltische Landsmannschaft. Unter dem Datum vom 24. 6. 1968 stößt man auch

Mary Mönch-Lietz

auf den Namen von Mary Mönch-Lietz, einer Künstlerin, die als 26jährige Kyber 1918 in Riga kennen- und wohl auch lieben lernte.

Drei Räume zählt das Kyber-Museum, spärlich eingerichtet, mit jener liebenswürdigen Unordnung, die nicht die professionelle Handschrift des Kerner-Hauses oder des Hölderlin-Zimmers trägt und die doch dadurch die Aura des Dichters besonders zu wahren weiß. Im Vorraum Fundstücke aus der Löwensteiner Geschichte, der Bücherbestand des Stadtarchivs, ehe man auf den eigentlichen Kern des Museums stößt, auf den Schreibtisch und

Richard Hohly

ein Ölgemälde Kybers, das der Löwensteiner Richard Hohly 1928 anfertigte. Wie zu der Zeit, da er Kyber als Arbeitsplatz diente, ist der Tisch mit einem Kerzenleuchter und mit Photos bestückt: ein Bild mit der Enkelin Karin, die Tochter Leonie und die schöne 1911 in Berlin gemachte Aufnahme Elisabeth Kybers. Sie zeigt eine beherrschte, selbstbewußt-elegante und faszinierende Frau, die ihren Gefährten um ein halbes Jahrhundert überleben sollte. Als 102jährige starb sie 1984; ihr Grab (wie das von Leonie) ist an der Seite ihres Mannes.

In den Vitrinen sammeln sich Kleinigkeiten des täglichen Lebens: ein Federmesser, eine Lupe, die Taschenuhr und beinahe kurios anmutende historische Dokumente wie

Riga

ein am 21. 3. 1919 in Riga (das damals unter den Nachwehen der Russischen Revolution stand) ausgestellter Ausweis, der es Kyber »als Künstler« – er leitete in diesen Tagen eine Kleinkunstbühne – gewährte, »mehr Kleider und Wäsche für seinen privaten und beruflichen Gebrauch zu besitzen, als es die gesetzliche Norm gestattet. Ebenso darf er, nach Bedarf, ein Musikinstrument besitzen (Klavier).« Dem aufmerksamen Betrachter zeigt sich auch die humorvolle Seite Kybers: eine Geburtsanzeige, auf der Mutschelchen, die »Queen von Löwenstein, z. Z. unter dem Schreibtisch des Dichters Manfred Kyber«, sich freut, die »glückliche Geburt ihrer Katzenkinder am 31. März 1931, 12 Uhr 30« kundzutun.

Queen von Löwenstein

Zum erschreckendsten Ausstellungsstück werden drei verblichene Notizzettel, auf denen Kyber während seiner letzten Lebenstage mühsame, krakelige Botschaften an seine Umgebung richtete. Bereits im Jahr 1932 hatte sich Kybers Gesundheitszustand (vor allem durch ein Gallenleiden) gefährlich verschlechtert; zudem trafen ihn zwei herbe Todesnachrichten binnen weniger Wochen: Zuerst starb eines der Enkelkinder und dann die langjährige Freundin Margarethe von Wrangell. Im Sommer machte sich Kyber zwar nochmals zu einer Erholungsfahrt an den Bodensee auf, doch vergeblich: Die Photographien aus diesen Jahren entlarven einen gut 50jährigen als eingefallenen, gebrochenen Greis. Zu Weihnachten 1932 schrieb er seinen letzten Artikel; die ihm verbliebenen drei Monate wurden zur Tortur, wie es seine Frau in einem Bericht überliefert hat. Ehe er in den letzten Tagen die Sprache verlor, gestand Kyber ihr: »Ich habe das Land der Verheißung geschrieben, den Königsgaukler, die Gedichte und den Tod und das kleine Mädchen – und ich habe doch Angst vor dem Sterben.« Die ausgestellten handschriftlichen Zeugnisse aus diesen Tagen sorgen sich nochmals um die geliebte Katze (»Wird Muffi nicht aufgegriffen?«), versuchen, die Qualen zu beschreiben (»Ich kann

Notizzettel

nicht schlucken«) und stellen letztlich die entscheidende Frage: »Wann soll ich sterben?«

März 1933 Am 10. März 1933 um sechs Uhr abends starb Manfred Kyber, war der heimlose Vagant angekommen, dorthin, wo sein Gedicht *Seefahrt* das Lebensziel vermutet hatte:

Bis wird in Nacht und Grauen,
wind- und wetterumweht,
mit Augen der Ewigkeit schauen
Den, der am Steuer steht.

Keine dreihundert Meter vom Rathaus entfernt liegt das Grab Kybers. Über den Parkplatz im Ortskern, vorbei am Kelterplatz und an einem Gasthof gelangt man zum *Friedhof* Friedhof, von dem aus sich ein nicht enden wollender Ausblick ins Weinsberger Tal eröffnet – wenn es das denn gibt: ein schöner Platz für einen Toten.

Gleich links vom Eingang die berühmten Gräber: das goldene vom Grafen von Maldeghem errichtete Kreuz auf moosüberzogenem Steinsockel, wo Kerners bekannteste *Seherin von Prevorst* Patientin, die Seherin von Prevorst, ruht, und der mächtige, fast zu wuchtige Findling, den der Österreicher Dietrich Heinrich Volz für Kybers Grab behauen hat. »Du hast zunichte gemacht die Weisheit der Weisen«, lautet eine der Aufschriften auf dem Stein der Seherin – eine kaum noch zufällige Verbindung zur Gedankenwelt Manfred Kybers, *Nachfahre der Romantik* der als Nachfahre der Romantik zeitlebens ein Verächter einseitig rationalistischer Wissenschaft war und dem die Märchen nur eine andere, verborgene Seite des Wirklichen zeigten: »Ob wir träumen oder wachen, / keiner weiß es genau.«

Sehnsucht nach der Idylle
Eduard Mörike und Cleversulzbach

Zehn Kilometer etwa trennen Weinsberg und das heute zu
Neuenstadt am Kocher gehörende Cleversulzbach – keine
Entfernung eigentlich, wenn man mit dem Wagen von
Eberstadt kommend die sich schlängelnde Landstraße
hinunterfährt, um in ein Dorf zu gelangen, das seinen
Nachruhm einem einzigen Biedermeierjahrzehnt verdankt, in dem Eduard Mörike seine Pfarrstelle innehatte.
Zehn Kilometer, wenige Stunden Fußweg also, um zu Justinus Kerner und seiner literarisch-weinseligen Runde
unterhalb der Weibertreu zu stoßen, und doch oft eine zu
große Entfernung für einen einzelgängerischen Dichter-   *Dichterpfarrer*
pfarrer: »Ich wäre längst nach Weinsberg gekommen«,
schrieb er einmal an Kerner, »allein ein Weg von ein paar
Stunden, der Eintritt in einen ungewohnten, obgleich
herzlichen Kreis von Personen, dies alles zusammenge-
nommen wirkt auf mich, so reizbar wie ich immer noch
bin, viel beunruhigender, als man denken sollte. «
Sechs- bis siebenhundert Einwohner zählte Cleversulzbach damals, und viel hat sich daran bis heute nicht geändert. Gewiß, das obligatorische Neubaugebiet am Orts-
eingang, doch »Klepperfeld«, wie es Mörike in liebevol-   *»Klepperfeld«*
ler Ironie nannte, ist ein überschaubarer Flecken geblie-
ben, der die Kluft zwischen Biedermeier und Gegenwart
weniger tief erscheinen läßt. Vielleicht muß ich es der ver-
schlafenen Mittagszeit zuschreiben, daß kaum eine Bewegung wahrzunehmen ist. Ein Schulkind kreuzt die
Durchfahrtsstraße, ein Bauer verharrt vor seinem Scheu-
nentor, um meine schlendernden Schritte zu verfolgen,
obgleich er an müßige Literaturreisende gewöhnt sein
müßte.

Kaum ein literarischer Ort hat sich auf so eindringliche Weise seine Eigenart erhalten, und es verwundert nicht, daß die nachhaltigste Vorstellung, die man von Mörike weitergetragen hat, an die idyllisch anmutende Provinzialität dieses Dorfes geknüpft ist. Es scheint viel eindeutiger als die Mergentheimer oder Stuttgarter Etappen seines Lebens das unausrottbare Klischee des kauzigen und versponnenen, des so wenig weltläufigen Dichters im Schlafrock zu vermitteln. Daß der berühmte *Alte Turmhahn* überdies den Untertitel »Idylle« trägt, hat dieses Bild komplettiert. Doch wie so oft, der Schein trügt.

Juli 1834 Am 3. Juli 1834 trat der knapp 30jährige Ötlinger Pfarrverweser Mörike seinen Dienst in Cleversulzbach an und beendete damit eine stationenreiche Vikariatszeit. Acht Bewerber hatten Interesse für die vakante Pfarrstelle angemeldet. Mörikes Beurteilung durch das Konsistorium fiel freundlich aus: »... versieht die amtlichen Geschäfte wohl, wird als Prediger gerne gehört, ist in seinem Wandel ganz unbescholten, und besonders wegen seiner aufopfernden Treue gegen seine in bitterer Armut lebende Mutter empfehlenswert. Auch in politischer Hinsicht ist er dem Dekanatamte Kirchheim, in dessen Bezirk er seit einigen Jahren, an verschiedenen Orten ist, nur vorteilhaft bekannt.« Im Mai 1834 erhielt der so Gepriesene endgültig den Vorzug, und drei Monate später fand seine Amtseinsetzung statt, bei der er einen – erhalten gebliebenen – Lebenslauf vortrug. Diese autobiographische Skizze vermittelt einen einprägsamen Überblick über seinen Werdegang und schließt mit der Hoffnung, endlich »von einer Gemeinde vollkommnen Besitz zu nehmen.« Die Stätte, an der er diese Erwartung ausspricht, ist die Dorfkirche, die noch heute das Herzstück des Ortes bildet. Unmittelbar an der Eberstädter Straße gelegen, stemmt sich ihr überraschend mächtiger Turm in die Höhe. Zwangsläufig

Amtseinsetzung

Dorfkirche

Eduard Mörike

wohl geht der Blick zur Kirchturmspitze, als würde sich dort noch immer Mörikes Turmhahn im Wind drehen und die Betriebsamkeit der Dörfler bewachen. Doch weit gefehlt – seit langem kräht das Original im Marbacher Schillermuseum, und auch im Inneren der Kirche bedarf es nicht geringer Geduld und Phantasie, um das eintönige Wohnzimmerbraun der Bänke und der Kanzel zu vergessen und sich auszumalen, wie es im Sommer 1834 hier ausgesehen haben mag. Ein schlichtes, vom Taufstein und der Orgel abgesehen fast schmuckloses Gotteshaus, einer kleinen Gemeinde angemessen – zwei Dutzend Sitzreihen und der Eindruck gedrückter Enge, die Mörike vielleicht gesucht hatte, nachdem ihm das »bisher ganz fremd gebliebene Dorf durch freundschaftliche Schilderung der hiesigen Verhältnisse« nahegebracht worden war.

Nicht alles, zum Glück, aus jenen Tagen ist der Vergänglichkeit oder Erneuerungslust verfallen. An der Rückwand in der Kirche hat man einen Stützpfeiler und die *Kanzel* aufbewahrt, von der aus Mörike seine zum Gedicht gewordene *Pastoralerfahrung* machte:

Meine guten Bauern freuen mich sehr;
Eine ›scharfe Predigt‹ ist ihr Begehr.
Und wenn man mir es nicht verdenkt,
Sag ich, wie das zusammenhängt.
Sonnabend, wohl nach elfe spat,
Im Garten stehlen sie mir den Salat;
In der Morgenkirch mit guter Ruh
Erwarten sie den Essig dazu;
Der Predigt Schluß fein linde sei:
Sie wollen gern auch Öl dabei.

Ein bescheidenes Plätzchen hat man der alten Kanzel zugewiesen. Neben einem Stapel moderner Klappstühle steht sie als Fremdling im matten Glanz der Bankreihen. Ihr dunkles, schrundiges Holz bröckelt an einzelnen Ekken, die Farbe splittert hier und dort ab, noch sind einzelne Ornamente zu erkennen. Verwitterte Ärmlichkeit geht von ihr aus, der Erinnerung an Mörikes Amtsjahre angemessener als das leblos renovierte Interieur. Die Kargheit des Raumes, die dem fast wuchtigen Äußeren der Kirche merkwürdig widerspricht, bewahrt die Verbindung zur Vergangenheit. Denn auch der Pfarrtätigkeit Mörikes fehlte es an Größe, sobald die anfängliche Euphorie erloschen war. Obwohl er nicht als schlechter Prediger galt und seine Pflichten überschaubar blieben, schreckte ihn die anfangs freudig erwartete Aufgabe mehr und mehr. Eine Unterleibsentzündung und ein Rückenmarksleiden zwangen ihn nach einem Jahr, um einen Vikar als unumgänglichen Beistand zu ersuchen. Was als Überbrückung gedacht war, wurde zum ständigen Behelf. Vier Vikare gingen Mörike im Lauf der Jahre zur Hand; zudem ließ er sich häufig von Amtskollegen aus der Nachbarschaft vertreten und erbat sich von seinem »Urfreund«, dem Wermutshäuser Pfarrer Hartlaub, einen Packen Predigten, um die sonntägliche Bürde glimpflich zu überstehen.

Kargheit des Raumes

Pfarrer Hartlaub

So freundschaftlich das Verhältnis zu seinen Vikaren war, so hat er ihnen dennoch spitzzüngige Verse gewidmet (*Auf Cleversulzbacher Pfarrvikare*), die in den Ausruf münden: »Er bekehrt Heiden und Juden. – / Nein auf Ehre! / Wenn ich nur so wäre!« Darin bündeln sich die Zweifel an seiner Berufung, an der religiösen Selbstgewißheit, die seine Vikare auszeichnete und ohne die ein Pfarramt nicht glaubwürdig auszuüben ist.

Die Harmonie der ersten Wochen verdüsterte sich rasch. Mörikes Briefe, die für die ersten Cleversulzbacher Jahre seit kurzem in einer vorzüglich kommentierten Ausgabe bei Klett-Cotta vorliegen, zeugen von den zermürbenden

Nöten des Alltags. Von Anfang an trieb ihn sein mäßiges

Schuldenlast

Salär in eine drückende Schuldenlast, die durch das »Familienunglück« seiner Brüder Karl und August gemehrt wurde. Immer wieder mußte er um Unterstützungen bei der Besoldung der Vikare oder für seine Kur- und Erholungsaufenthalte nachsuchen; immer wieder hieß es, nörgelnde Gläubiger wie August Fecht, einen entfernten Verwandten und Kaufmann aus Brettach, in untertänigem Tone zu vertrösten. Unentwegt sprach sich Mörike Mut zu und suggerierte ein baldiges Ende der Malaise: »Es wird mir nicht an Mitteln fehlen, mir auch künftig durch außerordentlichen Verdienst – und zwar mit neubefestigter Gesundheit in reicherem Maße als bisher – etwas zu sammeln.« (Brief an Fecht, Juli 1837)

Dazu sollte es in Cleversulzbach nie kommen; statt dessen traten zu den finanziellen und familiären Ärgernissen bald zeitraubende Auseinandersetzungen mit den Verlegern hinzu – und nicht zuletzt die mannigfachen Krankheitssymptome, die Mörike befielen. Kaum ist noch zu erkennen, wann das physische Gebrechen – neuere Analysen vermuten eine Multiple Sklerose – in ein psychosomati-

Hypochondertum

sches Hypochondertum umschlägt. Seine Krankheit, so scheint es, war *auch* der Ausfluß eines sensiblen, verzärtelten Wesens, das damit auf Unliebsames reagierte. Seine Klagen über den »angegriffenen Zustand seiner Kopfnerven«, der ihn »fast jede geistige Arbeit unmöglich« machte, dienten oft dazu, Reisepläne aufzuschieben oder Besucher abzuwimmeln. So sah er sich selbst nach einer Kur in Mergentheim »in der Tat weit nicht gestärkt ge-

Hermann Kurz

nug«, um Hermann Kurz in Buoch (bei Waiblingen) aufzusuchen oder ihn als Gast zu begrüßen. Mörike blieb empfindsam; sein Leiden bot die Gelegenheit, dem Druck des Amtes auszuweichen, ohne sich dieses Versagen offen eingestehen zu müssen.

Wie man zu bürgerlicher Karriere und rechtschaffenem Reichtum gelangt, dies wurde Mörike im nahen Neuenstadt von seinem Vetter Karl Abraham Möricke vorgelebt, der es als Apotheker zu gehörigem Wohlstand (und einer singenden Ehefrau) gebracht hatte. Während Bruder Karl durch Urkundenfälschung versuchte, an diesem dem Vertrieb von Blutreinigungspillen zuzuschreibenden Erfolg teilzuhaben, stand Mörike der Saturiertheit zwar freundschaftlich, aber wohl nicht ohne Scheu gegenüber. Immerhin: Die Fußwege nach Neuenstadt haben ihren literarischen Niederschlag gefunden; *Auf einer Wanderung* besingt das »freundliche Städtchen«, und eines seiner schönsten Gedichte – *Auf eine Christblume* – verdankt sich einem Blumenfund auf dem Neuenstädter Friedhof. Blutreinigungspillen Neuenstadt

Mörike konnte und wollte mit dem Erwerbsmenschen nicht wetteifern, zumal sich seine Gedichte – 1838 erschien endlich die erste Sammlung – weit weniger gut als die begehrten Blutpillen verkauften. Die »Öde und Mattherzigkeit«, das »Gefühl der Beklemmung, das bis zur Angst anwachsen« konnte, ließen ihn seine Zuflucht nehmen im Pfarrhaus, unter der Obhut von Mutter und Schwester Klara. An einem auffälligen Antiquitätengeschäft mit englischem Anstrich vorbei sind es von der Kirche aus nur wenige Meter bis zur Pfarrwohnung. Das Auge will nicht recht glauben, daß dieser massige, rot verputzte Bau das nämliche Haus darstellt, das man durch eine von Mörike kolorierte Lithographie so gut zu kennen meint. Wie verschieden die Ansichten sind: Die Lithographie hat die Schokoladenseite des Pfarrhauses festgehalten; der üppige, zu Spaziergängen einladende Garten, der oberhalb der Straße liegt, und die (immer noch erhaltene) Hainbuche, in die Mörike den Namen des Naturlyrikers Hölty ritzte. Nüchterner als dieses sinnenfrohe Bild hat Mörikes Amtsvorgänger Rheinwald das Haus beschrie- Pfarrwohnung Hainbuche

Mörikes Pfarrhaus in Cleversulzbach

ben: » Es steht am Ende des Orts . . ., ist frei, etwas feucht, angenehm gelegen und gut erhalten, hat 3 heizbare Zimmer, einen schlechten Keller, wenig Hofplatz, Scheune mit Stallung, Waschküche und Garten an das Pfarrhaus anstoßend. «

So gewissenhaft diese Auflistung auch erscheint, sie ist nicht vollständig und läßt einen Bewohner des Hauses aus: den Geist des Pfarrers Rabausch, der es in der Mitte des 18. Jahrhunderts bewohnte und fürderhin sein Unwesen darin trieb. Wenige Wochen, nachdem Mörike eingezogen war, meldete sich sein nicht zur Ruhe gekommener Kollege und forderte die Familie mit Seufzern, Kugelgeräuschen, Schattenbildern und Lichtreflexen zu allerhand Spekulationen und handgreiflicheren Taten auf. Doch vergebens alle Müh': Obwohl man die Dielen des Fußbodens aufriß und Vikar Schlaich in tapferer Aufopferung »sich nur im Schlafrock auf den bloßen Boden am Ofen niederlegte, um ein unheimliches Wesen in möglichster Nähe zu behorchen«, gab sich Rabausch nach alter Geisterart nicht zu erkennen, und Mörike verblieb nichts anderes zu tun, als die wunderlichen Erscheinungen für Kerners Fachzeitschrift » Magikon « zu Papier zu bringen. Der

Rabausch

Vikar Schlaich

heutige Besucher hingegen kann sich vor solch unliebsamer Begegnung schützen; denn Mörike hat der Nachwelt überliefert, daß es im Haus »vorzugsweise spukhaft« morgens um 4 Uhr und »meist gegen den Herbst und im Winter« zugehe. Auch Geister haben Arbeitszeiten. Derartige nächtliche Eskapaden harrten am Tage auf Ausgleich. Der freundliche Garten und die nahen Wälder boten Gelegenheit genug, den Überdruß abzuschütteln und das Spiel der Empfindungen auszukosten: »Ich sitze viel im Garten unter dem grünen Schirm, ein Buch vor mir, in das ich zwei Minuten hineinsehe, um alsbald wieder in meine eigenen Grillen zu verfallen. Oder ich stecke mich in einen hohen Zucker-Schefen-Wald und belausche ein Kindergespräch am Gartenhag, wobei einem das Herz vor Freude lacht.« Mörike wäre nicht Mörike, wenn es ihm, dem »Hypochonder von Hause aus« (so eine Selbstcharakteristik), nicht gelungen wäre, seiner Melancholie zu trotzen und vielfältige, oft humoristische Ablenkung zu finden. Auch seine literarische Produktion stockte keineswegs in diesen Jahren. Neben etlichen Märchen und Novellen und der bedeutsamen Lyrik entstehen viele der typischen Gelegenheitsgedichte, die anekdotisch und parodistisch die Fabulierlust verraten. So widmet sich das Gedicht *Alles mit Maß* einem in der deutschen Literatur weit vernachlässigten Thema, dem »gebratenen Schweinsfuß«, und endet mit dem ergreifenden Appell: »Ei so hole der Teufel auf ewig die höllischen Schweinsfüß!«

Von den eigenen Arbeiten abgesehen, verfolgte Mörike auch die Literatur seiner Zeitgenossen. Die Werke der Freunde wie Kurz, Kerner oder Karl Mayer, seines Schweizer Pfarrkollegen Jeremias Gotthelf oder auch entfernterer Autoren wie Freiligrath oder Börne wurden mit Aufmerksamkeit wahrgenommen, ergänzt durch den

Zucker-Schefen-Wald

Gelegenheitsgedichte

Lektürestoff längst verflossener Jahrhunderte, was sich etwa in seinen Übersetzungen antiker Autoren *(Classische Blumenlese)* niederschlug. Hin und wieder freilich beschwor die Leselust unangenehme Reaktionen herauf. Nachdem man sich im Familienkreis ein Buch des Engländers Edward Bulwer-Lytton zu Gemüte geführt hatte, entfuhr es Mörike: »Ich weiß nicht, hat es der Roman oder die saure Brüh' getan, mir ist ganz übel.«

Edward Bulwer-Lytton

Auf andere, tiefergehende Weise schmerzlich wirkte ein autobiographisches Werk, das ihm Wilhelm Hartlaub zugesandt hatte: die *Erinnerungen, Reisebilder* des Ernst Münch, die eine Bohémienne schildern, die der geheimnisvollen Jugendliebe Mörikes, der Schaffhäuserin Maria Meyer, zu ähneln scheint. Münchs Bericht verstimmte Mörike, rührte er doch an eine nie vernarbte Wunde, die ihm in den Tübinger Jahren zugefügt worden war und die es in Cleversulzbach ebenso zu verdrängen galt wie die 1833 gelöste Verlobung mit Luise Rau.

Maria Meyer

Vom Pfarrhaus aus ist man gleich am Friedhof, dessen helle Sandsteinmauern Markantes verbergen. Zwanzig Grabreihen vielleicht, ein leicht ansteigender Weg in der Mitte, zu einem Grabplatz führend, der schon vom Eingangstor und seinem Totenkopf aus auffällt. Die Mütter von Mörike und Friedrich Schiller liegen hier beisammen; von einem Eisenzäunchen, dessen Farbe abblättert, ist ihr Grab umfriedet, ein paar Sträucher und Blumen noch in winterlicher Dürftigkeit, ein über den Grabsteinen thronender Baum. Schillers Mutter, die Majorin, war im April 1802 bei ihrem Schwiegersohn, dem Cleversulzbacher Pfarrer Frankh, verstorben. Bald nach seinem Amtsantritt hatte Mörike das Grab in beklagenswertem Zustand vorgefunden und es behutsam hergerichtet. Um die Ruhestätte dauerhaft zu bezeichnen, ließ er im Juni 1837 ein steinernes Kreuz restaurieren, in das er eigenhändig

Friedhof

die lapidaren Worte »Schillers Mutter« eingrub. Vier *» Schillers Mutter«*
Jahre später fand Mörikes Mutter Charlotte an gleicher
Stelle ihr Grab. 1885 wurde für beide ein größeres Grab-
mal errichtet.

Ein wenig weiter gegangen, und man hat den Landfried-
hof in seiner ganzen Länge abgeschritten. Während sich
zur Linken Grabreihen jüngeren Datums ausbreiten,
bleibe ich an der Mauer stehen. Über eine Abfallgrube
hinweg, in der verwelkte Blumen modern, tut sich offe-
nes Feld auf, in der Ferne von einer Baumgruppe aufge-
lockert. Hier oben, so darf man es sich getrost vorstellen,
wird Mörike »durch ein Hinterpförtchen frei ins Feld«
gelangt und ausgeschritten sein, die dörfliche Beschränkung fliehend, eine andere Weite suchend.

Auf die Straße zurückgekehrt, bleibt noch ein Ort aufzu-
suchen, den Treffpunkt der Mörike-Gemeinde. Dem
Pfarrhaus gegenüber lädt die Turmhahn-Stube den er- *Turmhahn-Stube*
schöpften Besucher zum Vesper ein. Die handgeschrie-
bene Speisekarte an der Eingangstür bietet Bierschinken,
Aufschnitt oder gebackenen Fleischkäse an, dazu einen
Unterheimbacher Trollinger, einen Heilbronner
Schwarzriesling, das Viertel zu 3,50 DM. Ein kleiner,
halbdunkler Raum, wenige Holztische, mehr als dreißig
Besucher werden hier schwerlich einen Platz finden – die
Wirtschaft würde sich kaum von anderen unterscheiden,
wenn sich nicht eine unübersehbare Menge von
Schmuckstücken, von Bildern und Photographien über
die Wände verteilte. Nach dem Tod ihrer Schwester steht
Frau Seebold allein ihrem liebevoll eingerichteten Kurio- *Kuriositätenkabinett*
sitätenkabinett vor. Seit Jahrzehnten ist sie es gewohnt,
daß ihre Gäste weniger des Vespers als ihrer bunten
Sammlung wegen zu ihr kommen. Wievielen Besuchern
mag sie schon ihre Schätze erklärt haben? Trotzdem hat
sie eine geduldige Freundlichkeit bewahrt, als sie mich

von Wand zu Wand, von der Vitrine zum Glasschrank führt, in dem sie die Kostbarkeiten verschlossen hält, die sie nicht offen ausstellen möchte: einen Becher zum Beispiel, mit der Pfarrhausansicht bemalt, eine Streusandbüchse oder ein paar Locken des Dichters (»rötlichbraun«, sagt sie, sei sein Haar gewesen). Ehe man die einzelnen Gegenstände genauer betrachtet hat, lockt einen die über 80jährige fort, deutet auf eine Wollhaspel, die Mörike anfertigte, um die von Mutter und Schwester zugewiesene Arbeit bequemer verrichten zu können, auf zahllose Bildnisse des Dichters und seiner Freunde oder

Albert Schweitzer

auf eine Postkarte, die Albert Schweitzer aus Lambarene schickte, nachdem er zuvor das Dorf besucht und auf der Orgel in der Kirche mit Freude gespielt hatte. Unaufhörlich weiß Frau Seebold, die in jungen Jahren noch Mörikes

Fanny Hildebrand

Tochter, Fanny Hildebrand, kennengelernt hat, Anekdoten und Schnurren aus dem Cleversulzbacher Biedermeier zu erzählen – oder aus späteren Jahren, als Mörike am Stuttgarter Katharinenstift unterrichtete. Damals habe er bei einem Gedichtvortrag zum Taschentuch greifen wollen, aus Versehen die Gardine erwischt und zuletzt vergeblich versucht, diese in seine Hosentasche zu zwängen ... Frau Seebold weist auf ein Gedicht (»Vor den besten Vater kommen ...«), das Mörike dem Metzgermeister Georg Balthasar Hermann zum Geschenk machte; ohne aufzusehen, rezitiert sie die Geburtstagsverse. Auch Mörikes Werk hat sie zeitlebens begleitet.

Gästebücher

Eine Fundgrube anderer Art sind die Gästebücher, zwölf Stück mittlerweile, seitdem 1918 der Brauch begonnen worden ist. Zufällig eingekehrte Wanderer, Schulklassen, Lyrikliebhaber oder ausgewiesene Literaturwissenschaftler – »auch aus Japan und Indien«, betont die Wirtin – haben sich mit ihrem Namen, mit Merksprüchen und Gedichten oder mit Zeichnungen verewigt. Auch ältere und

jüngere Schriftsteller wie Peter Härtling, Georg Holzwarth oder Hermann Lenz waren hier. Frau Seebold zeigt
auf Härtlings Mörike-Erzählung *Die dreifache Maria,* die
neben der Theke ausliegt, und klagt:»Ja, auch der Härtling hat Fehler drin, doch woher soll er's auch so genau
wissen.« Hermann Lenz' Spur findet sich in einem der
alten, längst abgelegten Gästebücher. Im Juni 1929 war
Lenz als 16jähriger mit dem Zug von Stuttgart hergekommen und hinterließ – vom Vater dazu aufgefordert – im
Seeboldschen Gästebuch eines seiner frühesten Gedichte,
zur Freude aller Germanisten. In tapferen Hexametern ge-
denkt er darin Mörikes, der»einst am Waldrand saß, und
tief in Gedanken versunken / der herrlichen Mutter Natur
ihr tiefes Geheimnis erlauscht.«
Die heimelige Dichterstube weckt ein letztes Mal die Vorstellung vom kurios-liebenswürdigen Poeten, dem das
Leben nichts Ernsthaftes anhaben konnte. Wenn es nur so
einfach wäre! Die friedliche Harmonie täuscht; vor der
Wirtschaft stehend, braucht man sich nur in der Enge des
Dorfes umschauen. Ein Blick genügt, um die Kirche, das
Pfarrhaus und die Friedhofsmauer einzufangen. Wiewohl
sich Mörike an diesem kleinen Kosmos erfreuen konnte,
beschied er ihm keine dauerhafte Ruhe. Die letzten Jahre
wurden schwieriger, die Vorgesetzten ungeduldiger. Der
Heilbronner Prälat Märklin beklagte seine nachlässige
Dienstausübung, wo doch Mörike zu »schriftstelle-
rischen Arbeiten Zeit und Kraft« habe. Die Ermahnungen
wurden schroffer, und als Mörike endgültig die Vikars-
unterstützung verweigert worden war, mußte er einse-
hen, dem Pfarrgeschäft nicht länger gewachsen zu sein,
wenngleich er noch Ende 1842 in bezeichnender Selbst-
verkennung meinte, sich »ohne Vikar behaupten« zu
können. So reichte er als Enddreißiger im Sommer 1843
seine Pensionierung ein, und nachdem ihm Anfang Sep-

tember einer seiner Vikare im Amt gefolgt war, übersiedelte er mit der Schwester nach Wermutshausen.

So sehr man es sich wünschen mag: Mörikes Cleversulzbacher Zeit verträgt sich nicht mit idyllischer Deutung. Und auch *Der alte Turmhahn,* der dieses Bild entstehen ließ, trägt nur den Schein des leichten Lebens. Denn was aus der »Sehnsucht nach dem ländlich pfarrkirchlichen Leben« (Mörike an Storm) entstand, ist nicht mit der realen, der alltäglichen Existenz zu verwechseln. In Cleversulzbach selbst verfaßte Mörike nur die erste Strophe des Gedichts; erst Jahre später – 1852 – vollendete er es. In der

Zwischenzeit hatten Sehnsucht und Erinnerung ihr Werk getan: Die Beschwernis des dörflichen Pfarrerdaseins verwandelte sich im Licht der Verklärung, im Kunstwerk der Erinnerung:

Ade, o Tal, du Berg und Tal!
Rebhügel, Wälder allzumal!
Herzlieber Turn und Kirchendach,
Kirchhof und Steglein übern Bach!«

Wo mich einst liebend der Vater erzog
Friedrich Hölderlin und Lauffen

An rühmenden Stimmen fehlt es nicht: Goethe lobte
Lauffens »artige Lage«; Justinus Kerner, dessen Mutter
1750 als Tochter des Oberamtmanns Stockmayer hier geboren wurde, schwärmte von der »schönen, vom Bande
des Neckars umschlungenen Felseninsel«, und der Öster-
reicher Heimito von Doderer läßt die Hauptfigur seines *Heimito von Doderer*
Romans *Ein Mord, den jeder begeht* über das »Geheimnis
der Gegend« philosophieren, die »möglicherweise gar
nicht aus dieser unserer Welt« stamme. Allem Dichter-
lobe zum Trotz haftete dem Neckarstädtchen lange der
zweifelhafte Ruf an, sich mehr um Schwarzriesling und
Frühkartoffeln als um die Literatur und insbesondere um
das Andenken Friedrich Hölderlins zu bekümmern. Wenn
heute die offiziellen Faltprospekte der Stadt Hölderlin als
einen »der ganz Großen unter den deutschen Dichtern«
feiern, so verrät die ungelenke Formulierung, wie wenig
Literaturfreunde man wohl noch immer unter den Stadt-
vätern und Stadtmüttern finden wird.

Bereits nach dem Ersten Weltkrieg gab es Anlaß zur Em-
pörung, als man es nicht verhindern konnte, daß der
Weinhändler Dochtermann das dreistöckige, im 17. Jahr- *Weinhändler Dochtermann*
hundert erbaute Amtshaus des Nonnenklosters, das als
Hölderlins Geburtshaus galt, abreißen ließ. Keine markante Erinnerungsstätte schien mehr erhalten; eine Stadt
hatte sich ihres »größten Sohnes« entledigt.

Daß dem nicht mehr so ist, verdankt sich dem neu errichteten Stadtmuseum, das ein von Otfried Kies kundig und *Otfried Kies*
stilvoll eingerichtetes Hölderlin-Zimmer beherbergt.
Was soll ein solcher Raum zeigen, wenn der Gewürdigte

als 4jähriger – 1774 – seinen Geburtsort verließ und ihn in seiner Lyrik als kaum konkret zu nehmende Urerinnerung an die Kindheit beschwor?

Lauffen hat diese Frage überzeugend beantwortet: ein klar strukturiertes, helles Zimmer, überschaubare Vitrinen und Wandtafeln, die sich darum bemühen, die Familie des Dichters, ihre Stellung im sozialen Gefüge des Ortes und die Geschichte seiner dortigen Würdigungen zu beleuchten. Keine eilig zusammengestellte Mischung aus »Leben und Werk«, kein Versuch, möglichst viele, wahllose Objekte anzuhäufen. So entgeht das *Hölderlin-Zimmer* der Gefahr, ein oberflächliches, anderswo sinnvoller nachzuzeichnendes Bild des Dichters zu zeigen.

Hölderlin-Zimmer

Vielleicht hat es damit zu tun, daß ich bislang nur außerhalb der regulären Öffnungszeiten hier war: Eine wohltuende, eine notwendige Ruhe geht von diesem Interieur aus – der mattglänzende Holzfußboden, Möbelstücke aus der Hölderlin-Zeit und die ungezwungene Möglichkeit, die Schaukästen ohne Eile zu studieren.

Das Lauffener Museum hat seinen Platz im ehemaligen *Klosterhofareal* gefunden. Umgrenzt von den alten Mauern, sind die wesentlichen Hölderlin-Stätten nur wenige hundert Meter voneinander entfernt, fast mit einem Blick einzuschließen. Ein schöner, von Birken bestandener Platz an der Zaber, der zum Verweilen einlüde, wenn nicht von den angrenzenden Straßen der erhebliche Lärm herüberschallen würde. Nein, kein Flecken, um Hölderlins Gedichte zu lesen, doch vielleicht dadurch geeignet, die Phantasie nachhaltiger zu stimulieren, sich vorzustellen, wie anders es vor gut zweihundert Jahren hier ausgesehen haben mag: »Das Closter Lauffen samt allen dessen Zu- und Angehörd, darinnen ein Hof, Scheuren, Stall und Majerei Hauß, eine Kelter mit 1 Baum und Drotten, Kasten und Keller, auch mehr andere Gebäue, des gleichen

Klosterhofareal

Friedrich Hölderlin

ein halber Morgen Baumgartten inwenig den Kloster, und ein Morgen Weinberg dabei, wie solches alles mit einer Mauer ringsherum beschlossen, wird von einem Hofmaister und Bestendt Majer bewohnt und genutzt.«

Die Beschreibung stammt von 1770, als Friedrich Hölderlin als siebenundzwanzigstes Kind der Gemeinde Lauffen in diesem Jahr geboren wurde. Vierzig Jahre zuvor hatte sein Großvater die Stelle des Hofmeisters angetreten und somit die Verantwortung für die Klosterhofverwaltung übernommen. 1762, kurz vor seinem Tod, übergab er mit herzoglicher Zustimmung das Amt an seinen Sohn Heinrich Friedrich, den Dichtervater, der 1766 die zwölf Jahre jüngere Johanna Christiana Heyn aus Frauenzimmern heiratete. Hölderlins Familie bildete eines der angesehensten Häuser in Lauffen. Der Vater, ein herzoglicher Beamter, die Mutter, einer Pfarrerstochter – beide Komponenten der württembergischen Ehrbarkeit ließen keinen Zweifel an ihrer gesellschaftlichen Stellung zu.

Ehrbarkeit

Ein Blick auf das Taufbuch, das im Hölderlin-Zimmer ausgestellt ist, mag dies verdeutlichen: Ein langer Taufeintrag ist notwendig, um die neun Taufzeugen Friedrich Hölderlins aufzulisten. Es sind allesamt »gute«, repräsentative Verwandte aus der Schicht der Beamten und Geistlichen, Verwandte, die es gewährleisteten, daß die Feier dem Rang und dem Namen der Hölderlin-Familie entsprach. Unter ihnen war auch die Schwester des Vaters, Maria Elisabeth, die 1751 den Tübinger Geschichtsprofessor Otto Christian von Lohenschiold geheiratet hatte. Diese Tante starb 1777 als letztes in Lauffen lebendes Familienmitglied der Hölderlins.

Tauffeier

Die stattliche Tauffeier belegt, was man über die Vermögensverhältnisse der Familie weiß. Zum Leben des Hofmeisters gehörte ein wohlangelegter, üppiger Reichtum, den die Mitgift seiner Frau mehrte. Allein Vater Hölderlins Schmuck- und Kleiderbestände dürfen sich sehen lassen: silberne Schuhschnallen und Uhren zum Beispiel, goldene Tabatieren und Ringe, sieben teure Überröcke. Offensichtlich genoß der Vater das gepflegte und sorglose Leben, das gelegentlich sogar seine aus vielen Quellen fließenden Einkünfte überstieg. Genauen Aufschluß über den Besitz gab die sogenannte Eventualteilung, die 1774 vorgenommen werden mußte und das Familienvermögen feststellte, um das Erbe der Kinder zu sichern. Die Gesamterbmasse belief sich auf beinahe 11000 Gulden, vor allen in Liegenschaften, verbrieftem Geld und Mobilien. Darunter auch ein stattlicher Weinvorrat, der in den Fässern Zeit zur Reife hatte: über 12000 Liter. Je nachdem, ob man den damaligen Gulden mit 50 oder gar 100 DM heutiger Kaufkraft berechnet, ergibt sich ein an die Millionengrenze reichendes Vermögen. *Weinvorrat*

Das blieb für Friedrich Hölderlins Biographie nicht ohne Folgen. Aller landläufigen Meinung zuwider zählte er nie zu den »armen Poeten«, die ihr Genie mit Bedürftigkeit begleichen mußten. Gewöhnt an eine behagliche Lebensführung klagt schon der 17jährige Maulbronner Stipendiat über ständige Geldnot. In Bittschriften an die Mutter – die 1784 beginnt, ihre berühmte Liste der Ausgaben für den »lieben Fritz, welche aber wan Er im gehorsam Bleibt nicht sollen [vom Erbe] abgezogen werden«, zu führen – bemängelt er, daß er gezwungen sei, Nachhilfestunden zu erteilen, um nicht darben zu müssen. Dennoch hat Hölderlin während seines knapp zweijährigen Maulbronner Aufenthalts 292 Gulden verbraucht, nach heutigem Geld wenigstens 15000 DM. Auch später als Hauslehrer betrug sein Jahreseinkommen zumeist 400 Gulden, während sich ein Schulmeister in der Regel mit 70 Gulden zu bescheiden hatte.

Hölderlins erste Kinderjahre standen so unter günstigen *Kinderjahre*

Vorzeichen. Die gesicherten finanziellen Verhältnisse waren überall abzulesen, auch an der gediegenen, ans Rokoko gemahnenden Wohnungseinrichtung: Porträts der Eltern und allegorische Gemälde der Jahreszeiten, Kaffeeservices aus Dresden, Ludwigsburg und England, Kelche und Gläser aus Böhmen und Kommoden schmückten den Salon, der die Kultur seiner Bewohner spiegeln sollte – wie auch die zweisitzige Chaise, die zum Privateigentum des Hofmeisters gehörte. Lange Zeit galt es als gesichert, daß die detailliert überlieferte Einrichtungsaufstellung sich auf das Amts- und Wohnhaus Hölderlins bezog. Doch 1970 wurde man darauf aufmerksam, daß die Familie seit 1743 ein zweites, um 1750 grundlegend umgebautes Wohnhaus in der nahegelegenen Nordheimer Straße besaß: »eine 2stöckige Behausung, einbährnige Scheuren mit einem durch Haus und Scheuren ziehenden 2bändig gewölbten Keller.« Die Bequemlichkeit eines zusätzlichen Hauses gehörte gewissermaßen zur Tradition des Lauffener Verwalteramtes. Denn es war, wie es in einer Klosterbeschreibung von 1719 heißt, dem Hofmeister auferlegt, alle Zimmer des Amtshauses zu »leeren«, »wann gndgste Herrsch' ankombt.« Zur unliebsamen Räumung kam es normalerweise alle zwei, drei Jahre, wenn der herzogliche Hof zur »Seefischet«, dem Ausfischen des Lauffener Sees, ins Unterland kam. Um sich diesen Aufwand zu ersparen, erwarb schon Hölderlins Großvater das Haus in der Nordheimer Straße 5, das zum eigentlichen Wohnsitz der Familie seines Sohnes wurde. Das aufgelistete Mobiliar betrifft fraglos diese Räumlichkeiten, und es spricht manches dafür, daß Johanna Christiana Hölderlin ihren Fritz hier in der gewohnten Umgebung gebar. Vielleicht also haben die Lauffener Glück gehabt, und das wahre Geburtshaus ihres Dichters ist nicht, wie es in Peter Härtlings biographischem Roman *Hölder-*

lin heißt, der »ehemalige Klosterhof« gewesen, sondern jene erhalten gebliebene »2stöckige Behausung«.

Vom Museum aus hat man sie mit wenigen Schritten erreicht. Unmittelbar an der Fahrstraße gelegen, döste das Haus in der warmen Sonne, als ich zum erstenmal an ihm vorbeiging: zwei Stockwerke immer noch, mit vielen Fenstern, die Läden fast alle zugeklappt. Im Erdgeschoß rechts von der Kassettentür, zu der ein ausgetretenes Stiegenhalbrund führt, hat der Wind einen Laden gegen den hellbraunen Verputz geschlagen, gibt den Blick frei auf einen Blumentopf und ins dunkle Innere eines Zimmers. Ein merkwürdiges Gebäude, das unbewohnt wirkt, obwohl es seit 1775, als es die Hölderlins verkauften, bis heute mehrmals den Besitzer gewechselt hat. Merkwürdig? Unbewohnt? Wahrscheinlich will man als Betrachter diesen Eindruck gewinnen, um sich aus seinen Träumereien über Hölderlins Jugend nicht aufschrecken zu lassen, von ballspielenden Kindern beispielsweise oder herüberwehendem Sauerkrautgeruch. Kurzum, ich bleibe dabei: ein merkwürdiges Haus, das eine Tafel an der Erdgeschoßfassade als Hölderlinschen Besitz ausweist. Vielleicht wird es bald auch als die – vermutliche – Geburtsstätte des Dichters gekennzeichnet sein.

Geburtsstätte

Eine solche Schmucktafel war 1873 über der Eingangstüre des Amtshauses angebracht worden, wenige Jahre, nachdem man Hölderlins 100. Geburtstag begangen hatte. Zur Einweihung hielt Christof Schwab, der Herausgeber Hölderlinscher Werke und Sohn des im Kerner-Kreis eifrig verkehrenden Gustav Schwab *(Sagen des klassischen Altertums)* die Festrede, die von den politischen Nachwehen des deutsch-französischen Krieges gefärbt war. Wie der Chronist Wilhelm Lang festgehalten hat, betonte Schwab Hölderlins »Förderung unseres Volksbewußtseins durch die nationale Dichtkunst«, in der er des »Lands des hohen,

Christof Schwab

ernsteren Genius, aus dessen Tiefen die Fremden ihr Bestes haben«, gedacht habe. Es ist der nämliche als Patriotismus verkleidete Nationalismus, der auch den Lyriker Emanuel Geibel zu der unglückseligen Forderung verführte, daß am deutschen Wesen die Welt zu genesen habe. Hölderlins Werk, das sich so grundsätzlich der politischen Eindeutigkeit entzieht, wurde im Zeitalter der Bismarckschen Reichsgründung erstmals mißbraucht – siebzig Jahre später wiederholten die Nationalsozialisten dies auf perfidere Weise.

Gedenktafel

Nach dem Abbruch des Amtshauses harrte die aus Zinn gegossene und bronzierte Gedenktafel einer neuen Verwendung. Man schuf, kurz darauf, im Klosterhofgarten ein Denkmal, in dessen Mitte die Gedenkplakette noch heute prangt. Sie notiert Hölderlins Lebensdaten und zeigt ihn auf einem Reliefmedaillon, das der schwäbische

Bildhauer Rau

Bildhauer Rau nach einem bekannten Jugendbildnis modellierte. Das steinerne Halbrund kann nicht verhehlen, wie schwierig (und vielleicht sinnlos) es ist, einen Dichter mit Kultstätten zu preisen. Man sollte diese Ehre den Staatsmännern vorbehalten, die man mit entschlossener Miene auf majestätischem Roß in die (kriegerische) Zukunft reiten lassen mag. Was jedoch hat dieser Lauffener Gedenkplatz mit Hölderlins feiner Lyrik, mit den Nöten seiner Biographie zu tun? Kaum etwas – denn auch die sauberen und akuraten Blumenbeete vor dem Denkmal

Gartenpflege

verraten mehr von der Gartenpflege Schwabens als von seiner Dichtkunst. Doch wenn man genau hinschaut: Schweifen nicht Hölderlins Augen vom Medaillon aus hinweg über die farbenfroh wuchernden Fleißigen Lieschen? Gewiß.

Unterhalb der Reliefplatte hat man bekannte Verse Hölderlins in den Stein gegraben, Verse, die in dichten Bildern scheinbar Vertrautes aufleben lassen:

Seliges Land! Kein Hügel in Dir wächst ohne den Weinstock
Nieder ins schwellende Gras regnet im Herbste das Obst
Fröhlich baden im Strome den Fuss die glühenden Berge
Kränze von Zweigen und Moos kühlen ihr sonniges Haupt.

Wer davon überzeugt ist, daß Hölderlin ein »guter Schwabe« (Friedrich von Gaisberg-Schöckingen) oder ein »ächter Schwabe« (Wilhelm Lang) war, wird in diesen Versen die schwäbische Landschaft suchen und finden. Wer indes weiß, daß Hölderlins Elegien und Oden so auch, in kaum variierten Bildern, von der wohligen »Heimat« an Rhein und Main schwelgen, wird jeder topographisch eindeutigen Lesart mißtrauen. Heimat – das sind *Heimat* für Hölderlin zweifelsohne jene Landstriche gewesen, die vom Neckar, der ihn nicht nur in Lauffen, Nürtingen und Tübingen begleitete, geprägt sind. Doch seine Lyrik möchte anderes beschwören: nicht den heimattümelnden Biedersinn, sondern den harmonischen, utopischen Raum, der – auch außerhalb der Griechenlandphantasien – ideale Heimat gewähren könnte.

Faßlicher spiegelt sich seine Geburtsstadt wohl in einer Passage der *Wanderer*-Elegie, die um 1800 entstand, als Hölderlin nach Lauffen gekommen war, um das Grab seines Vaters zu besuchen:

Und am glänzenden See, wo der Hain das offene Hoftor
Übergrünt und das Licht golden die Fenster umspielt,
Dort empfängt mich das Haus und des Gartens heimliches
   Dunkel,
Wo mit den Pflanzen mich einst liebend der Vater erzog;
Wo ich frei, wie Geflügelte, spielt auf luftigen Ästen,
Oder ins treue Blau blickte vom Gipfel des Hains.

Obwohl auch hier kein wörtlich zu nehmendes Landschaftsbild beabsichtigt ist, meint man, Spuren früher, kaum erinnerlicher Kindheitswahrnehmungen aus dem Klosterhofgarten zu erkennen. Die friedvolle Einheit, die sich zwischen der Natur und der väterlichen Obhut einstellt, entspringt aus der Sehnsucht, und sie zeichnet ein Vaterbild, das sich Hölderlin nur als Ahnung vergegenwärtigen konnte.

Denn die finanzielle Unbekümmertheit, in die Hölderlin geboren wurde, verhinderte nicht, daß bald familiäres *Juli 1772* Unglück hereinbrach. Im Juli 1772 wurde der Vater während eines Besuchs in der Oberamtei »durch einen ihn betroffenen Steck- und Schlagfluß ganz schnell aus dieser Zeit in die Ewigkeit abgefordert. « Hofmeister Hölderlin starb mit 36 Jahren; seine schwangere Frau wurde mit 24 Jahren Witwe. Das Wohlergehen der Familie verdüsterte sich mit einem Male; es begann die Zeit, da Friedrichs junge Mutter energisch ihr Geschick und das ihrer Kinder in die Hand nehmen mußte. 1774 verheiratete sie sich wieder mit dem Schreiber und späteren Weinhändler *Johann Christian* und Bürgermeister Johann Christian Gock, mit dem sie *Gock* und die Kinder nach Nürtingen zogen. Innerhalb kürzester Zeit brachte Johanna Gock vier Kinder zur Welt, von denen eines überlebte. Und wieder dauerte die Familieneintracht nur kurz: 1779 starb Gock, und Friedrich Hölderlins Mutter war mit dreißig Jahren zum zweitenmal Witwe. Und zum zweitenmal, bewußter jetzt und nachhaltiger, verlor der 9jährige Friedrich den Vater. Wo deshalb seine Lyrik die Neckarlandschaft als utopische Heimat aufscheinen läßt, verspürt man dahinter das Verlangen, die schmerzlich verlorenen »Väter« zurückzugewinnen: »Dort empfängt mich das Haus und des Gartens heimliches Dunkel, / Wo mit den Pflanzen mich einst liebend der Vater erzog. «

Personenregister

Alexander, Graf von Württemberg 112
Alexander I, Zar von Rußland 37 ff.
Arnim, Achim von 9/53 f./108
Asmodi, Herbert 51 f./61
Auerbach, Berthold 113
Baader, Franz von 109
Bergengruen, Werner 31/80
Bertaux, Pierre 22
Börne, Ludwig 133
Böttiger, Karl August 47
Brentano, Clemens 64/112
Brieger, Anton 119
Brockdorff, Thora von 120
Bürger, Gottfried August 82
Bulwer-Lytton, Edward 134
Carl Eugen, Herzog von Württemberg 52
Dähn, Karl-Heinz 119
Dingelstedt, Franz 13 f./18/ 28 f./46 f./80/100
Dochtermann [Weinhändler] 139
Doderer, Heimito von 139
Dorst, Tankred 79
Drygalski, Irma von 39 f.
Dürr, Friedrich 44/97
Eser, Anton Friedrich 21
Fecht, August 130
Frankh, Johann Gottlieb 134
Franz, Kaiser von Österreich 63
Freiligrath, Ferdinand 95 f./ 133
Freud, Sigmund 41

Friedenthal, Richard 36
Gaisberg-Schöckingen, Friedrich von 147
Ganzhorn, Wilhelm 97
Gaudy, Franz von 33 f.
Geibel, Emanuel 146
Gemmingen-Hornberg, Otto von 83
Gmelin, Eberhard 44/54
Gock, Johann Christian 148
Göschen, Georg 52
Goethe, August 36
Goethe, Johann Wolfgang 8 f./ 16 ff./22/25 f./35/52 f./56/ 63/81 f./88/90 f./99
Götz von Berlichingen 17 ff./ 30/36/40 f.
Gotthelf, Jeremias 133
Gräßle, David 68 f.
Grass, Günter 79
Habrecht, Isaac 29
Härtling, Peter 21/79/137/144
Hartlaub, Wilhelm 129/134
Hauff, Wilhelm 113
Hauffe, Friederike 109/124
Heideloff, Karl Alexander von 113
Heinrich, Karl Friedrich 52
Hermann, Georg Balthasar 136
Hesse, Hermann 21
Heuschele, Otto 21
Heuss, Theodor 30/91
Hildebrand, Fanny 136
Hildt, Johann Georg 102
Hölderlin, Friedrich 22/109/ 139 ff.

Hölderlin, Heinrich Friedrich
142/148
Hölderlin, Johanna Christiana
142ff.
Hohly, Richard 122
Holzwarth, Georg 137
Hoser, Heinrich Jakob 71
Hüthinger, Friedrich 107
Hugo, Victor 27/29/35/37
Imhof, Hermann 45
Jung-Stilling, Heinrich 37
Karger, Gertrud 120
Katharina II., Zarin von Ruß-
land 26
Kauffmann, Ernst Friedrich
14f./46/68/78/80/85/96
Kerner, Friederike 103
Kerner, Justinus 26f./31f./40/
54/58/65f./68/85f./88/
100/102ff./125/132f./139
Kerner, Theobald 31/37/40/56
Kies, Otfried 139
Kleist, Heinrich von 8/43ff.
Klett, Christian 45
Knie, Rudolf 31
Kornacher, Elisabeth 44f./47
Krauß, Rudolf 71
Krüdener, Juliane von 37ff.
Künzel, Karl 68
Kurz, Hermann 15/113/130
Kyber, Elisabeth 117ff.
Kyber, Manfred 117ff.
Lachmann, Johann 42
Läpple, Hans-Dieter 43
Lang, Wilhelm 145/147
Lenau, Nikolaus 104/110/112
Lenz, Hermann 98f./137
Loeben, Heinrich von 109
Lohenschiold, Maria Elisabeth
von 142

Lohenschiold, Otto Christian
von 142
Ludwig, König von Bayern 114
Luz, Christoph 92ff.
Märklin, Jakob Friedrich von
137
Marti, Kurt 107
Mayer, Friederike 86
Mayer, Karl 76/78f./81/86f./
133
Mayer, Robert 97
Mesmer, Franz Anton 109
Metternich, Clemens Lothar
Wenzel von 115
Meyer, Maria 37/134
Mönch-Lietz, Mary 122
Möricke, Karl Abraham 131
Mörike, Charlotte 131/134f.
Mörike, Eduard 14/86/88/
106/114/125ff.
Mörike, Karl 130f.
Montez, Lola 114
Münch, Ernst 134
Napoleon, Kaiser von Frank-
reich 18/37
Nast, Philipp Jakob 85f.
Niendorf, Emma 65ff./114f.
Nietzsche, Friedrich 68
Oechsler, Robert 45/49/88ff.
Pfau, Ludwig 56ff.
Pfau, Philipp 56/59
Platen, August von 18
Plessen, Elisabeth 100
Posener, Julius 79
Rau, Luise 134
Rheinwald, Karl Eduard 131f.
Rinser, Luise 79
Rösch, Wilhelm 92
Rombach, Hermann 72
Rombach, Otto 9/22f./71ff.

Ortsregister

Literaturverzeichnis

Die Orthographie der Textzitate wurde mitunter behutsam modernisiert.

Achim von Arnim/Bettine von Brentano, Achim und Bettine in ihren Briefen, hg. von Werner Vordtriede, Frankfurt/Main 1961

Herbert Asmodi, Brief an Rainer Moritz vom 27. 10. 1987

Beharrlich erinnern. Texte zur Heilbronner Begegnung, hgg. von Dagmar Bruckmann u. a., Neckarsulm/München 1987

Werner Bergengruen, Deutsche Reise, Berlin 1934

Marianne Bernhard (Hg.), Deutschland im Spiegel der Dichtung, München 1967

Anton Brieger, »In zwölfter Stunde«. Manfred Kyber, Seher und Dichter, Pforzheim 1973

Thora v[on] Brockdorff, Erinnerungen an Manfred Kyber, in: Heilbronner Stimme, 7. 3. 1953

Günter Cordes, Familie Hölderlin in Lauffen, in: Schwaben und Franken 16 (1970), H 3, S. 4

Karl-Heinz Dähn, Manfred Kyber – Dichter und Kämpfer im ersten Drittel des 20. Jahrhunderts. Versuch eines Lebensumrisses, o. O. 1983

Franz Dingelstedt, Sämmtliche Werke. Erste Gesammt-Ausgabe in 12 Bänden, Bd. 5, Berlin 1877

Irma von Drygalski, Juliane von Krüdener. Der Roman eines Lebens, Jena 1928

Friedrich Dürr, Heilbronner Chronik, Heilbronn 1895

Hans Ulrich Eberle, Literatur und Theater, in: Hans Schleuning (Hg.), Stadt- und Landkreis Heilbronn, Stuttgart/Aalen 1974, S. 164–172

Hans Ulrich Eberle, Heilbronner Autoren in Vergangenheit und Gegenwart, in: Heilbronn-Journal 8 und 9, o. P.

Sigmund Freud, Studienausgabe, hg. von Alexander Mitscherlich u. a., Bd. 4, Frankfurt/Main 1970

Richard Friedenthal, Goethe. Sein Leben und seine Zeit [1963], Frankfurt/Main u. a. 1978

Friedrich von Gaisberg-Schöckingen, Lauffen am Neckar und das Geburtshaus des Dichters Hölderlin, in: Schwäbisches Heimatbuch 1919, S. 109–116

Franz von Gaudy, Jugend-Liebe, in: F. v. G., Poetische und prosaische Werke, hg. von Arthur Mueller, Bd. 6, Berlin 1854, S. 30–48

Johann Wolfgang Goethe, Gedenkausgabe der Werke, Briefe und Gespräche, hg. von Ernst Beutler, 23 Bde., Zürich 1949

Carlheinz Graeter, Trauben im Unterland, Stuttgart 1986

Dietmar Grieser, Piroschka, Sorbas & Co. Schicksale der Weltliteratur, München/Wien ²1978

Albert Groninger, Philipp Jakob Nast, der erste Wirt auf dem Wartberg, in: Schwaben und Franken 3 (1957), H. 5, S. 1–2

Albert Groninger, Wo war die »Krone«, in der Marc Twain abstieg? In: Amtsblatt für den Stadt- und Landkreis Heilbronn, 17. 10. 1963, S. 3

Peter Härtling, Hölderlin. Ein Roman, Darmstadt/Neuwied ⁴1980

Peter Härtling, Die dreifache Maria. Eine Geschichte [1981], Darmstadt/Neuwied 1983

Peter Härtling, Waiblingers Augen. Roman, Darmstadt/Neuwied 1987

Helmut Häuser, Heilbronn als die Stadt des »Osterspaziergangs« in Goethes Faust, in: Schwaben und Franken 19 (1973), H. 10, S. 1–2

Werner Heim, Vom »Steinhaus« zum »Käthchenhaus«, in: Schwaben und Franken 8 (1962), H. 8, S. 1–2

Karl Hermann, Schillers Aufenthalt im aufgeklärten Heilbronn, in: Historischer Verein Heilbronn 21 (1954), S. 180–200

Karl Hermann, Der Dichter Achim von Arnim in Heilbronn und Weinsberg, in: Schwaben und Franken 1 (1954/55), H. 3, S. 1–2

Karl Hermann, Alt-Heilbronn und Friedrich Schiller. Zusammenfassender Rückblick, in: Schwaben und Franken 1 (1954/55), H. 6, S. 1–3

Karl Hermann, Das erste Heilbronner Herbstgedicht und sein Dichter, in: Schwaben und Franken 1 (1954/55), H. 12, S. 3–4

Karl Hermann, Victor Hugo in Heilbronn, in: Schwaben und Franken 3 (1957), H. 5, S. 3–4

Karl Hermann, Goethes Sohn auf Götzens Spuren, in: Schwaben und Franken 3 (1957), H. 13, S. 1

Karl Hermann/Albert Groninger, David Friedrich Strauß in Sontheim und Heilbronn, in: Historischer Verein Heilbronn 25 (1966), S. 179–197

Theodor Heuss, Weinbau und Weingärtnerstand in Heilbronn a. N., Heilbronn 1906

Theodor Heuss, Vorspiele des Lebens. Jugenderinnerungen, Tübingen ²1954

Uwe Jacobi, Heilbronn im Spiegel der Literatur, in: Heilbronn-Journal 1, S. 14–15

Gertrud Karger, Manfred Kyber, Leipzig 1937

Ernst Friedrich Kauffmann, Die Neckarfahrt von Heilbronn bis Heidelberg, Heilbronn 1842

Gerd Kempf, Neuveröffentlichung über Ernst S. Steffen aus dem »100000-Einwohner-Wartesaal« Heilbronn, in: Heilbronner Stimme, 3. 10. 1974

Justinus Kerner, Neue Beobachtungen über die in Württemberg so häufig vorfallenden tödtlichen Vergiftungen durch den Genuß geräucherter Würste, Tübingen 1820

Justinus Kerner, Die Seherin von Prevorst. Eröffnungen über das innere Leben des Menschen und über das Hereinragen einer Geisterwelt in die innere, Stuttgart/Tübingen ³1838

Justinus Kerners Briefwechsel mit seinen Freunden, hg. von Theobald Kerner, 2 Bde., Stuttgart/Leipzig 1897

Justinus Kerner, Ausgewählte Werke, hg. von Gunter Grimm, Stuttgart 1981

Theobald Kerner, Das Kernerhaus und seine Gäste, zweite, vermehrte Auflage, Stuttgart/Leipzig 1897

Otto Kienzle, Kleists »Kätchen« und seine Beziehungen zu Heilbronn. Legende und Wirklichkeit, in: Jahrbuch der Kleist-Gesellschaft 18 (1938), S. 40–52

Otfried Kies, Zum 201. Todestag von Hölderlins Vater, in: Lauffener Bote, 5. 7. 1973, S. 494

Otfried Kies, Hölderlins Geburtshaus in Lauffen, in: Lauffener Bote, 21. 6. 1979, S. 8–9

Otfried Kies, Neues Hölderlin-Zimmer im Lauffener Museum. Geschichte einer Familie und ihrer Tätigkeit, in: Esslinger Zeitung, 20. 3. 1985

Heinrich von Kleist, Sämtliche Werke und Briefe in vier Bänden, hg. von Helmut Sembdner, München/Wien 1982

Rudolf Krauß, Schwäbische Litteraturgeschichte, 2 Bde. [1897–1899], Kirchheim/Teck 1975

W[ilhelm] L[ang], Das Hölderlindenkmal in Lauffen, in: Im neuen Reich 3 (1873), S. 829–832

Das Leben des Justinus Kerner. Erzählt von ihm und seiner Tochter Marie, hg. von Karl Pörnbacher, München 1967

Hermann Lenz, Neue Zeit. Roman, Franfurt/Main 1975
Kurt von Marchtaler, Goethe in Heilbronn im Sommer 1797, in: Schwäbischer Merkur, 28. 12. 1940
Karl Mayer, Ludwig Uhland, seine Freunde und Zeitgenossen. Erinnerungen, Stuttgart 1867
Georg Mertz, Elisabeth Klett geborene Kornacher. Das »Käthchen von Heilbronn«, in: Schwaben und Franken 19 (1973), H. 9, S. 3–4
Eduard Mörike, Werke und Briefe. Historisch-kritische Gesamtausgabe, Bd. 12–13, hg. von Hans-Ulrich Simon, Stuttgart 1986–1988
Eduard Mörike, Sämtliche Werke in vier Bänden, hg. von Herbert G. Göpfert, München 1981
Ernst Müller, Heinrich Friedrich Hölderlin, Vater des Dichters. Ein altwürttembergischer Landbeamter, in: Zeitschrift für württembergische Landesgeschichte 6 (1942), S. 414–473
Ernst Müller, Die süddeutsche Landschaft in Hölderlins Dichtung bis 1800, in: Schwaben 14 (1943), S. 190–210
Robert Oechsler, Von hoher Warte! Denkwürdigkeiten eines alten Knopfes. Eine neumodische Reimchronik, Ellwangen 1893
Robert Oechsler, Aus der literarischen Chronik von Heilbronn (Dichterbesuche und Dichterurteile), in: Schwäbisches Heimatbuch 1915, S. 38–54
Ulrich Ott (Hg.), Justinus Kerner 1786–1862 (Marbacher Magazin 39), Marbach 1986
August von Platen, Die Tagebücher, 2 Bde., Stuttgart 1896–1900
Elisabeth Plessen, Mitteilung an den Adel. Roman [1976], München 1979
Ernst Posse, Lola Montez, Metternich und der Weinsberger Geisterturm, in: Historische Zeitschrift 140 (1929), S. 348–354
Carl du Prel, Justinus Kerner und die Seherin von Prevorst, Leipzig 1886
Hanns Wolfgang Rath, Ein Bild von Hölderlins Jugendland, Ludwigsburg 1922
Moriz von Rauch, Der historische Schriftsteller Johann Wolff und seine Beziehungen zu Heilbronn, in: Historischer Verein Heilbronn 7 (1900/03), S. 70–72
Aimé Reinhard, Justinus Kerner und das Kernerhaus zu Weinsberg. Gedenkblätter aus des Dichters Leben, Tübingen 1862
Wilhelm Rösch, Ein altes Heilbronner Herbstgedicht, in: Württem-

bergische Vierteljahrshefte für Landesgeschichte, N. F. 16 (1907), S. 432–437

Otto Rombach, Atem des Neckars. Heimatliches Reisebuch, Stuttgart ²1974

Otto Rombach, Böckinger Heimkehr. Zum 4. April 1975 [vervielfältigtes Manuskript]

Friedrich Rückert, Werke in sechs Bänden, hg. von Conrad Beyer, Bd. 2, Leipzig o. J.

Friedrich Schick, Zu Cleversulzbach im Unterland... Mörike und Cleversulzbach, Cleversulzbach 1925

Friedrich Schiller, Briefe, hgg. von Erwin Streitfeld und Viktor Zmegac, Königstein 1983

Friedrich Schiller, Briefe, hg. von Fritz Jonas, Bd. 3, Stuttgart u. a. o. J.

Rudolf Schlauch, Württembergisches Unterland. Neckarland und Schwäbischer Wald. Landschaft – Geschichte – Kultur – Kunst, Nürnberg 1966

Helmut Schmolz, Götz von Berlichingen. Eine kritische Betrachtung der historischen Person des »Ritters mit der eisernen Hand«, in: Schwaben und Franken 13 (1967), H. 10, S. 1–2

Helmut Schmolz/Hubert Weckbach, Heilbronn mit Böckingen, Neckargartach, Sontheim. Die alte Stadt in Wort und Bild, 2 Bde., Weißenhorn 1966/67

Christian Friedrich Daniel Schubart, Leben und Gesinnungen, von ihm selbst im Kerker aufgesetzt, Stuttgart 1791

Gustav Schwab, Wanderungen durch Schwaben [1837], hg. von Gisela Schlientz, Stuttgart 1973

Joachim Schweller, Asmodi – der »Sohn« im Fernsehen, in: Heilbronn-Journal 1, S. 29–30

Kurt Seeber, Führer durch die Burg Weibertreu. Rundgang, Geschichte, Inschriften, Weinsberg ³1977

Helmut Sembdner, Kleist und sein Käthchen und Heilbronn, in: Jahrbuch für schwäbisch-fränkische Geschichte 29 (1979/81), S. 81–93

Philipp Spieß, Der Steinmetz von St. Kilian. Erzählung aus dem alten Heilbronn, Heilbronn 1894

Ernst S. Steffen, Rattenjagd. Aufzeichnungen aus dem Zuchthaus, Neuwied/Berlin 1971

Wilhelm Steinhilber, Philipp und Ludwig Pfau, in: Schwaben und Franken 4 (1958), H. 5, S. 2–3

Wilhelm Steinhilber, Die Baronin Juliane v. Krüdener in Heilbronn,
  in: Schwaben und Franken 8 (1962), H. 9, S. 3–4
Wilhelm Steinhilber, Die Familie Kornacher. Ein Beitrag zur Fami-
  liengeschichte des »Käthchen von Heilbronn«, in: Schwaben und
  Franken 8 (1962), H. 11, S. 1–2
Bonaventura Tecchi, Schwabenland – Dichterland, Zürich/Stutt-
  gart 1972
Erik Thomson, Manfred Kyber. Leben und Werk, Karlsruhe [1960]
Mark Twain, Zu Fuß durch Europa, Göttingen o. J.
Ludwig Uhland, Tagebuch. 1810–1820, Stuttgart ²1898
Ludwig Uhland, Werke, Bd. 1, hgg. von Hartmut Fröschle und
  Walter Scheffler, München 1980
Barbara Vopelius-Holtzendorff, Familie und Familienvermögen
  Hölderlin-Gock. Vorstudie zur Biographie Friedrich Hölderlins,
  in: Hölderlin-Jahrbuch 22 (1980/81), S. 333–356
Barbara Vopelius-Holtzendorff, Friedrich Hölderlin und das Geld,
  in: Kürbiskern 2 (1980), S. 139–159
Wilhelm Waiblinger, Werke und Briefe, Bd. 1, hg. von Hans Köni-
  ger, Stuttgart 1980
Karl Julius Weber, Reise durch das Königreich Württemberg, Stutt-
  gart 1978
Hubert Weckbach, Der Heilbronner Mundartdichter Heinrich Ja-
  kob Hoser. Ein Beitrag zu seiner Biographie, in: Schwaben und
  Franken 26 (1980), H. 5, S. 3–4
Hubert Weckbach, »Heilbronn, das wir ohne Sang und Klang
  durchzogen«. Im Jahre 1815 kam der Dichter August Graf von
  Platen zweimal durch das Unterland, in: Schwaben und Fran-
  ken 30 (1984), H. 8, S. 3–4
Erich Weinstock, Ludwig Pfau. Leben und Werk eines Achtundvier-
  zigers, Heilbronn 1975
Marie Weitbrecht, Eduard Mörike. Bilder aus seinem Cleversulzba-
  cher Pfarrhaus, Stuttgart 1924
Gabriele Wohmann, Grund zur Aufregung. Gedichte, Darmstadt/
  Neuwied 1978
[Bernhard] Zeller, Ernst Friedrich Kauffmann. Ein schwäbischer
  Liederkomponist und Mörike-Freund, in: Schwaben und Fran-
  ken 2 (1956), H. 4, S. 4
Bernhard Zeller (Hg.), Wilhelm Waiblinger 1804–1830. Bearbeitet
  von Hans-Ulrich Simon, (Marbacher Magazin 14) Marbach
  1979

Inhalt